Susanne Nickel
Knack den Change-Code!

Susanne Nickel

# Knack den Change-Code!

## Mit Leichtigkeit Zukunft gestalten

GABAL

Bibliografische Information der Deutschen Nationalbibliothek
Die Deutsche Nationalbibliothek verzeichnet diese Publikation in der Deutschen Nationalbibliografie; detaillierte bibliografische Daten sind im Internet über http://dnb.d-nb.de abrufbar.

ISBN 978-3-96739-101-5

Lektorat: Anja Hilgarth, Herzogenaurach
Umschlaggestaltung: Annett Hansen, Berlin
Illustrationen: Sandra Schulze, Nußloch
Autorenfoto: Jurga Graf
Satz und Layout: ZeroSoft, Timisoara
Druck und Bindung: Salzland Druck, Staßfurt



Wir drucken in Deutschland.

www.gabal-verlag.de
www.gabal-magazin.de
www.facebook.com/Gabalbuecher
www.twitter.com/gabalbuecher
www.instagram.com/gabalbuecher

PEFC zertifiziert
Dieses Produkt stammt aus nachhaltig bewirtschafteten Wäldern und kontrollierten Quellen.
www.pefc.de

# Inhalt

*Mut ist der Weg zu mehr Freiheit.*

Susanne Nickel

# Vorwort

„Herr Dr. Nickel, warum ist Ihre Frau eigentlich so positiv bei dem, was ihr alles schon im Leben passiert ist?“, fragte eine Patientin meinen Mann, seines Zeichens Psychiater und Psychologe. Sie hatte mein Buch „Ziele erreichen“ gelesen. Mein Mann schwieg einen Moment und sagte dann in seiner therapeutischen, ruhigen Art: „Das weiß ich ehrlich gesagt auch nicht.“ Diese Frage hat auch mich beschäftigt, denn mein ganzes Leben bestand bislang aus einer Aneinanderreihung von teilweise ziemlich heftigen Veränderungen; aus dem Resultat meiner Reflexion ist das Buch entstanden, das du liebe Leserin, lieber Leser, jetzt in Händen hältst.

Offenbar habe ich den Change-Code geknackt und die Dinge immer wieder zum Positiven gewendet, auch wenn das nicht immer einfach war. Wandel ist in meinem Leben keine Eintagsfliege, sondern ständiger Begleiter. Viele denken bei meinem Anblick: „Ach, die sieht gut aus, der ist doch bestimmt alles zugefallen.“ Nein, dem war gewiss nicht so. Es gab viele Widrigkeiten in meinem Leben. Dennoch war Aufgeben keine Option.

In diesem Buch habe ich mein ganzes Wissen über Veränderungen niedergeschrieben und möchte dich damit ermutigen und inspirieren. Mein Herzenswunsch ist, dass auch du deinen Change-Code knackst, und deswegen ist mein Buch ein Plädoyer für Change zum Positiven.

Das Buch ist genau richtig für dich, wenn du in dem Job, den du gerade machst, nicht so richtig glücklich bist. Denn offenbar bist du für einen beruflichen Change (noch) nicht bereit. Wenn du deinen Change-Code knackst, kannst du aufbrechen und deine wahre Stärke im Job leben.

Mein Ratgeber hilft dir auch, wenn dich der Change am Arbeitsplatz plagt, weil dauernd nervige Veränderungen stattfinden. Wandel in Unternehmen ist komplex und trifft uns doch alle, auch wenn wir schon lange keine Lust mehr darauf haben. Aber dem Change ist es egal, ob du ihn haben willst oder nicht. Er kommt trotzdem.

Die Inhalte meines Buches sind für alle relevant, die in einem Unternehmen arbeiten, für alle Mitarbeitenden, Führungskräfte und Geschäftsführenden. „Change Business" ist „People Business"; jede Veränderung im Unternehmen beginnt beim Menschen, in jeder Position. Wenn Menschen lernen, mit Veränderungen besser umzugehen und Wandel zu wagen, wenn sie ihre Opferrolle verlassen und zum mutigen Gestalter werden, ist so vieles mehr möglich. Extra-Tipps gibt es für Change-Verantwortliche, die Veränderungen antreiben und selbst umsetzen müssen und somit eine doppelte Herausforderung haben.

Ich gebe dir mit diesem Buch eine Anleitung, wie du Wandel in all seinen Facetten etwas Positives abgewinnen, ihn gar zu deinem Freund, zu deiner Freundin machen kannst, damit du deinen persönlichen Change-Code knackst und sich die Tresortür öffnet hin zu einem definitiv glücklicheren und erfüllteren Leben. Lass mich dir eine Menge einfacher Übungen und Strategien sowie eine ganzheitliche Coaching-Methode zeigen, die dir auf deinem Weg dorthin helfen. Lass mich dein Coach sein, der dich zu mehr Leichtigkeit und Freude führt.

Ich bin froh, dass mein Buch zu dir gefunden hat. Du hältst deinen Guide zum Glück in deinen Händen. Mein Code kann dein Leben verändern, wenn du es zulässt. Ich wünsche dir viel Spaß beim Lesen meines Buches und beim Knacken deines persönlichen Change-Codes.

*Deine Susanne*

Übrigens: Ich habe mich bemüht, genderneutral zu formulieren und dort, wo es nicht möglich war, abwechselnd die männliche und die weibliche Form eines Substantivs zu verwenden. Es sind immer alle von uns gemeint!

Die Namen meiner Klienten in den Beispielen sind natürlich nicht ihre richtigen; ich wahre ihre Privatsphäre. Dort, wo „echte" Namen genannt werden, ist dies besprochen und genehmigt.

# Change ist doof …

Change ist doch einfach Mist, oder? Wenn ich Teilnehmer zu Beginn eines Trainings oder Vortrags frage: „Wer von Ihnen mag Change? Bitte heben Sie die Hand!“, kommen entweder gar keine oder wenn überhaupt nur einzelne zaghafte Meldungen. Wir mögen keine Veränderungen. Wir wollen in unserer Komfortzone bleiben, da ist es sicher und vertraut. Dort kennen wir uns aus. Auch wenn es im Job nicht so gut läuft, halten wir oft lieber am Schlechten, jedoch Gewohnten fest. Bitte keine Veränderung! Und wenn uns doch kurz der Gedanke an Change durch den Kopf schießt, fallen uns gleich viele gute Gründe ein, warum wir es lieber lassen sollten. Wir selbst wollen oder können uns nicht pro-aktiv verändern, obwohl es vielleicht an der Zeit wäre. Das kann zum Beispiel sein, wenn der Job schon lange keinen Spaß mehr macht, das Gehalt mehr der Auszahlung von Schmerzensgeld gleicht. Der Kopf sagt „Weitermachen!“, doch das Herz leidet.

Und ab und zu häufen sich die Veränderungen im Unternehmen, sprich bei unseren Arbeitgebern, sogar. Dann prasselt Change nur so von außen auf uns ein. Aber am liebsten soll sich doch um uns herum, im beruflichen Umfeld, in unserem Unternehmen bitte nichts verändern, damit wir uns nicht verändern müssen und verschont bleiben von Neuem und Unbekanntem. Zu unserem Leidwesen hören jedoch viele von uns: „Ab heute alles neu“, und dann jagt ein Change den nächsten. Es konnten noch nicht mal die Früchte des ersten geerntet werden, da kommt schon der nächste Change um die Ecke. Das ermüdet und frustriert. Überall lauern sie: die größeren und kleineren Veränderungen, die dazu führen, dass wir doch mit Neuem umgehen müssen, reagieren müssen. Na ja, an sich müssen wir gar nichts, wir können es auch lassen und am Alten festhalten. Es gibt keine im Grundgesetz eingetragene Verpflichtung zum Wandel. Aber wer pocht schon darauf …

Wie gehst du mit neuen Herausforderungen, mit Schwierigkeiten, mit negativen Gegebenheiten und unlustigen Situationen um? Im Laufe der letzten Jahre sind meine Kunden, Klienten, die Unternehmen, die ich berate, mit unzähligen solcher Veränderungen konfrontiert worden: Es gab einen Merger, und alles war plötzlich anders. Dann kam noch ein Merger, und noch einer. Dann fusioniert die Arbeitgeber-Firma noch mal, und schon wieder weht ein rauer Change-Wind, ein anderer dieses Mal, und die steife Brise pfeift einem um die Ohren. Oder die Abteilung wird mit einer anderen zusammengelegt. Ab dann läuft auf einmal alles anders, alles, was sich über die Jahre so schön eingefahren hatte und glattlief, wird über den Haufen geworfen.

Das kostet ganz schön viel Kraft und Energie. Wandel macht das Leben schwer. Mitmachen oder dagegen sein? Anfangs haben wir noch mit-gechanged, doch inzwischen ist das Vertrauen weg. Wir sind changemüde; wir changen dauernd und ernten nichts. Das macht keinen Spaß. Change ist doof.

Ist dein Unternehmen, dein Arbeitsplatz direkt betroffen von Krisen, Mergern, Fusionen, Marktänderungen, Einsparmaßnahmen? Vielleicht verändert der Change dann nicht nur deine tägliche Arbeit, sondern führt dazu, dass dein bislang so sicherer Job auf einmal nicht mehr so sicher ist. Oder dir keinen Spaß mehr macht, weil du jetzt neue Aufgaben hast, die dir gar nicht liegen. Oder die lang versprochene Beförderung fällt aus, aus „Change-Gründen". Oder du kommst mit der neuen Chefin so gar nicht mehr zurecht. Dann müsstest du dich dem persönlichen Change stellen und dir einen neuen Job suchen.

Vielleicht ist dein Job auch sicher, aber öde, und du bist nicht wirklich glücklich in deiner Firma. Es läuft so lala, und du wirst unruhig, denkst selbst über einen Change nach. Sollst du dich aufmachen, dir neue Ziele setzen? Den Sprung ins Ungewisse wagen?

Aber dann siehst du hinaus auf den Markt, in die unsicheren Zeiten, und rechnest: Wie viele Jahre im Job hast du noch vor dir – zehn? 20? 30? 40? Huh, lieber keinen eventuell riskanten Change in unsicheres Terrain in unsicheren Zeiten. Nein, nein, so schlimm ist dein Job ja gar nicht. Auch so ein Denken kann verhängnisvoll sein. Du hängst fest im Sumpf der Langeweile. Du bist gefangen im Trott der Gewohnheit oder ziehst das Unglücklichsein dem Neuanfang vor. Du behältst doch lieber den Spatz in der Hand und schielst nicht mehr auf die Taube auf dem Dach. Change ist doof.

Vielleicht bist du selbst Führungskraft und voller Elan für den Change, aber dein Team steckt fest und will sich den neuen Gegebenheiten partout nicht anpassen. Dabei sollt ihr doch moderner werden, und du hast Druck von oben, einiges zu verändern. Dann hast du es doppelt schwer, du bist Betroffener und Verantwortlicher. Neue Anforderungen bestehen, deine rein fachliche Expertise reicht nicht mehr, du sollst auch noch Innovationen treiben und salesaffin sein. Uff ... Du bist jetzt „Mitarbeiter in der neuen Welt“, so heißt es – als wenn es DIE neue und DIE alte Welt gäbe. Der Übergang ist doch fließend. Klar, Führung verändert sich oder sollte sich verändern, du sollst agiler werden und mehr selbstgesteuert arbeiten. Aber puh, das jetzt auch noch, magst du denken. Nein, Change ist doof.

Die meisten von uns können das Wort „Change-Management“ eh schon nicht mehr hören. Schließlich scheitern ja auch über 70 % aller Change-Projekte.[1] Da kann doch nur etwas faul sein – warum gibt es so viel Change in Unternehmen, wenn Projekte sowieso überwiegend scheitern?

Und changegeplagt denken wir: „Es könnte doch alles wie früher sein ...“ Genau dann haben wir ihn satt, den Wandel. Ja, Change ist ziemlich doof, wenn man sich das alles so überlegt. Und doch ist er wichtig. Und notwendig. Und hilfreich. Und er bringt uns weiter.

## ... oder?

„Sei du selbst die Veränderung, die du dir wünschst für diese Welt“, sagte Ghandi. Auch wenn der Spruch schon etwas in die Jahre gekommen ist, ist viel Wahres daran. Ich möchte eine Veränderung für dich sein, und ich beginne dabei mit einer drastischen Geschichte über mich selbst, die mich verändert hat. Dir, liebe Leserin, lieber Leser, zeige ich damit auch: Ich betreibe kein Fingerpointing, wie jeder von uns habe ich eine Vergangenheit.

Vorab sei gesagt: Ich habe Jura studiert. Sogar alleinerziehend mit Kind, weil ich damals dachte: „Du musst etwas Gescheites studieren.“ Mein Sohn wusste schon mit sechs Jahren, als er mit mir mal wieder in einer Vorlesung im Audimax saß, weil ich mir nicht immer einen Babysitter leisten konnte, dass er diesen Quatsch niemals studieren wollte. Ich bin auch als Rechtsanwältin zugelassen, du siehst also, wenn ich etwas mache, ziehe ich es durch. Na gut, zugelassen bin ich eigentlich nur für die Rentenversicherung. Und allenfalls kann ich ein paar Top-Manager damit beeindrucken, die sofort gerade sitzen, wenn ich zu Beginn eines Workshops sage, dass ich Anwältin bin.

Kriminologie war mein Wahlfach, und hier habe ich die „Neutralisierungsthese" kennengelernt: Täter rationalisieren ihr kriminelles Verhalten und versuchen es zu rechtfertigen. Und mir wurde bewusst, was wohl mein Jurastudium getriggert hat (Juristen würden sagen, „was kausal dafür war"). Womit ich zu der eigentlichen Geschichte komme, meiner Jugendsünde:

Mit 16 war ich in den Sommerferien mit vier Freunden in Frankreich an der Ardèche, eine wirklich schöne Region, und wir taten das, was Jugendliche mit wenig Geld damals taten: Wir campten. Und eben weil das Geld knapp war, wollte ich in einem französischen Supermarkt Lebensmittel klauen. Nicht alle, eine Paprika wollte ich brav an der Kasse bezahlen, doch in meinem Pumuckl-Bag, einer Art großem Turnbeutel mit dem frechen Kobold darauf, der über meiner Schulter hing, befand sich noch alles Mögliche zu essen aus dem Laden: Brot, Butter, Lachs, Obst, naja, okay, und eine Flasche Prosecco war auch dabei. Ich fand das damals in Ordnung, denn ich hatte nichts, und im Supermarkt gab es doch alles. (Du merkst, ich versuchte mein Handeln zu bagatellisieren, und neutralisiere damit, dass es unmoralisch ist.) Da konnte man sich doch ruhig ein wenig bedienen, dachte ich, das tat den Großen doch nicht weh. Ich erinnere mich noch genau, wie ich die Paprika bereitwillig auf das Laufband legte, den Geldbeutel zahlungswillig in der Hand. Die Kassiererin schaute erst die Paprika, dann mich und dann den prall gefüllten Pumuckl-Beutel an. Eine leise Vorahnung beschlich mich in diesem Moment. Und dann passierte es auch schon: Sie drückte blitzschnell und mit aller Wucht auf einen Knopf und es schellte plötzlich total laut durch den Supermarkt. Aus allen Richtungen kamen Mitarbeiter und auch der Marktleiter angeschossen, und ich nahm die Beine in die Hand. Ich rannte, was das Zeug hielt, und musste dafür sogar meinen geliebten Pumuckl-Beutel zurücklassen.

Ich sah schon immer nett, hübsch, lieb und blond aus – und war doch in diesem Fall diejenige, die im Gefängnis saß. Keiner meiner Freunde hatte gedacht, dass man *mich* verdächtigen und fassen würde. Doch natürlich erwischten sie mich, und was tat man mit einer 16-jährigen Göre, die gestohlen hatte und nicht bezahlen konnte? Ab in den Knast. Da saß ich nun, in einer kleinen Zelle. Die Zeit kroch wie eine Schnecke die graue Mauer entlang, die Nacht wollte nicht enden. Ich lag auf der Pritsche und dachte wehmütig an gute alte Zeiten zurück, als die Welt noch in Ordnung gewesen war, und an meine Freunde, die sich sicherlich schon große Sorgen machen würden. Ich wusste nicht, wie es weitergehen sollte. Mit Jugendstrafrecht und den möglichen juristischen Folgen kannte ich mich nicht aus. Ich hatte große Angst.

Und weißt du, das Einzige, und zwar wirklich das Einzige, was ich damals wollte, war: CHANGE! Veränderung. Bloß weg, bloß wieder zu meinen Freunden. Raus aus diesem Gefängnis. Den Wandel zum Besseren. Hätte ich doch nie in meinem Leben gestohlen! Ich gelobte, mich zu bessern und nie wieder zu klauen. Ich wollte ganz reumütig einen Wandel zum besseren Menschen vollziehen, hing dort aber noch fest, in jener Zelle, und war total unsicher, was mit mir jetzt passieren würde. Die Erlösung brachte der Kommissar, der eine gewisse Ähnlichkeit mit Horst Tappert hatte (erinnerst du dich noch an Derrick?) und mich wegen geringfügigen Diebstahls am nächsten Tag wieder freiließ. Dieser befreiende CHANGE war so etwas von, wie wir damals sagten, „WELT-wichtig“ (alles, was cool war, begann mit „Welt“) für mich, dass er mein Leben veränderte.

Heute, in diesem Buch, bin ich eine Anwältin für den CHANGE, und du, geschätzte Leserin, geschätzter Leser, du bist meine verehrte Jury. Ich möchte hier ein Plädoyer für Change halten. Ich möchte Beweise sammeln, Kausalitäten hinterfragen, Perspektiven wechseln und Denkmuster brechen. Dabei werde ich dir Methoden aus einem ganzheitlichen Coachingansatz zeigen. Ich lade dich ein, Change neu zu denken und auch die positiven Seiten zu sehen.

Selbst aus mir, mit meiner Vergangenheit als jugendliche Straftäterin, ist noch etwas geworden. Ich konnte das Blatt wenden. Jeder kann das. Du auch. Ist Change also wirklich grundsätzlich doof? Natürlich ist es absolut okay, in der Komfortzone zu bleiben. Aber ein bisschen darüber hinausblinzeln kann man schon und sich fragen: Was kannst du Gutes, oder ein klein wenig Gutes, aus den Veränderungen ziehen? Wie kann dir dein persönlicher Change zum Besseren gelingen? Wie schaffst du es, dass es am Ende gut wird?

Ich zeige dir den Code, deinen Change-Code, und wie du ihn zu deinen Gunsten knacken kannst. Und schwupps, wirst du sehen, geht es dir besser. Es wird leichter, du kommst in deine Stärke und du kannst dich entfalten.

## Die nackte Wahrheit über Change

Die nackte Wahrheit über Change ist: Er kommt meist anders, als wir denken. Wenn wir Wandel wirklich wollen, wie ich damals bei meiner kurzen Inhaftierung, lässt er gerne auf sich warten. Ich hätte nicht gedacht, dass meine damalige Tat Wandel in Form eines Jurastudiums bringen und mein Interesse für Kriminologie anfachen würde. Ich hatte an sich gedacht, ich würde mein Leben sofort ändern können, gleich nach meiner Rückkehr aus Frankreich Veränderungen angehen. Du kennst sicher auch Momente aus deinem Leben, wo dir nichts lieber ist als eine schnelle Veränderung. Meist erhoffen wir uns das bei für uns eher ungünstigen Situationen. Wir sind Unlust-Vermeider. Doch pro-aktiv einen Wandel bei unlustigen Situationen selbst zu initiieren, fällt oft schwer, einmal aus Mangel an Gelegenheiten, und dann, weil wir, wenn einige Zeit vergangen ist und die ungünstige Situation etwas weiter entfernt scheint, doch gerne wieder am Status quo festhalten.

Hingegen kommt der Wandel um ein Vielfaches öfter, wenn wir ihn gerade absolut nicht gebrauchen können. Wir rufen „Das brauche ich nicht“ oder „Das geht bei uns nicht“ und „Das haben wir noch nie so gemacht“ und winden uns und stöhnen: „Nein, nicht schon wieder eine Fusion. Es reicht doch jetzt wirklich.“ Aber es hilft nichts – der Change kommt. Ein Kunde von mir erlebte die dritte Fusion innerhalb kürzester Zeit. Doch vielleicht bringt uns eine kurze Strecke Unlust auf die Dauer viel mehr Lust?

Interessanterweise scheint sich unsere Perspektive nach einer gewissen Zeitspanne zu verändern. Eine Klientin von mir sollte den „goldenen

Handschlag" erhalten und abgefunden werden, man wollte sie schlichtweg loswerden. Sie war verzweifelt, Anfang 40 und ohne Perspektive. Sie hatte zwei Kinder und war alleinerziehend, sie brauchte das Geld. Sie wollte nicht gehen, doch sie konnte auch nicht bleiben. Eine ungute Situation. Im Karrierecoaching arbeiteten wir zuerst an ihrem Mindset, an ihrer Haltung. Ihr Selbstbewusstsein war so geschrumpft, man hätte es unter dem Teppich durchkehren können. Sie war natürlich auch sehr gestresst, und Stress verkrampft. Innovatives Denken und Kreativität, die nötig sind für eine Neuausrichtung, bleiben dabei auf der Strecke. Kreativität braucht Flexibilität im Denken. Ihr Selbstvertrauen musste wieder aufgebaut werden. Am Anfang des Karrierecoachings musste sie also zunächst wieder den Glauben an sich selbst finden. Dann ging es an die Vita und an Bewerbungen. Lange Rede, kurzes Fazit: Sie hat mittlerweile wieder einen Job, den sie liebt, und heute sagt sie: „Der Rausschmiss war das Beste, was mir passieren konnte." Sie hat ihren Change-Code geknackt und ist vom Minus wieder ins Plus gegangen.

Dahin, dass man Veränderungen will, muss man erst mal kommen. Es gab eine Zeit, da waren wir davon überzeugt, das Pferd sei das einzig wahre Transportmittel. Beim Aussteigen aus der Kutsche traten wir zwar in die Pferdeäpfel und fluchten, doch wir konnten und wollten uns nichts anderes vorstellen. Schon Kaiser Wilhelm II. sagte, das Automobil sei nur eine vorübergehende Erscheinung. Er glaubte auch an das Pferd, und zwar ausschließlich. Der Wandel, das Automobil, kam dennoch – gut oder schlecht? Erst für viele bedrohlich, ein Novum, eine Innovation, der Verbrennungsmotor. Damals dachten wir, das sei eine Veränderung zum Schlechten, zum Minus, Teufelswerk sozusagen. Heute sehen wir es anders. Kürzlich habe ich von einem Ingenieur gehört: „Ich bin mit dem Verbrennungsmotor groß geworden, etwas anderes kann ich nicht." Die Frage ist, wie wir in zehn Jahren die E-Mobilität sehen – gut oder schlecht? Du merkst, es ist immer eine Frage der Perspektive. Wenn du fünf Juristen fragst, bekommst du sechs Meinungen, oder du hörst schlichtweg den Satz: „Das kommt darauf an."

Wenn Fluch oder Segen, gut oder schlecht immer möglich sind, was hilft uns dann, mit Veränderungen umzugehen? Welche Faktoren tragen uns durch schwierige Zeiten, helfen uns, den Wahnsinns-Wandel zu überleben oder gar zu meistern? Was brauchen wir, damit wir selbstgesteuert einen für uns guten und wichtigen Wandel angehen? Wir brauchen das nötige Rüstzeug. Und das biete ich dir mit diesem Buch.

## Meine drei Personas

Wenn du selbstbestimmt den Change angehst, hat das zwei Vorteile: Erstens, dir selbst geht es besser, denn du hast die Zügel in der Hand. Zweitens, dem Unternehmen, in dem du arbeitest, geht es besser, denn nur Menschen, denen es wirklich gut geht, können auch gute Leistung erbringen. Menschen, die in ihrer Stärke und Kraft sind, können viel im Unternehmen bewegen. Erfolg in persönlicher wie unternehmerischer Sicht braucht Menschen, die den Change-Code geknackt haben und dort, wo sie sind, richtig sind. Damit richten sie sich positiv aus, und egal, ob Veränderungen kommen oder nicht, sie schaffen es, leichter damit umzugehen. Das Leben bekommt mehr Leichtigkeit und macht wieder mehr Spaß.

### Rechtsanwältin

Als deine Change-Anwältin stehe ich dir zur Seite und gebe dir die besten Modelle und Argumente, die dir helfen, zu deinen Gunsten zu handeln und die richtigen Entscheidungen zu treffen. In meiner Rolle als Rechtsanwältin bin ich kognitiv und strukturiert. Und du, mein liebes Jurymitglied, triffst am Ende meines Plädoyers deine eigene Entscheidung darüber, was gut und hilfreich für dich ist.

Wenn ich in einer Eigenschaft als Change-Rechtsanwältin spreche, findest du diese Illustration am Buchrand:

Niemand sollte ohne Schutz und Rüstzeug in den „Kampf", ins Unsichere, ins neue Land, in den Wandel ziehen, denn gerade am Anfang, wenn alles schlecht, negativ, bedrohlich ist und es erst einmal darum geht, zu überleben und auszuhalten, brauchen wir einen Schild. Dahinter können wir uns stabilisieren, Kräfte sammeln und dann gestärkt hinausgehen und den Code knacken, um die Situation ins Positive zu wenden. Das Rüstzeug, das ist das richtige Skillset, das sind die passenden Kompetenzen, die passenden Tools, ein paar Methoden und vor allem das richtige Mindset, die richtige Haltung. Was wir brauchen, sind die „Big Five For Change“ oder kürzer „B54Change“. Und die stelle ich dir im nächsten Kapitel vor.

Zuvor lernst du aber noch eine andere Seite von mir kennen.

Struktur und Logik waren mir schon immer wichtig, sie sind ein wichtiger Teil meiner Persönlichkeit, deshalb habe ich Jura studiert. Wenn es um B54Change geht, wird jedoch ein anderer Teil von mir aktiv. Denn es gab eine Zeit, da war mein logischer Sachverstand noch nicht durch die Juristerei „verdorben“, da hatten deutsche Paragrafen noch keinen Einzug in mein Leben gehalten. (Damit will ich nicht sagen, dass die Welt da noch in Ordnung war, doch zumindest war sie kreativer.) Das war die Zeit, in der ich als junge, kreative Tänzerin (ich war gerade 18 Jahre alt) bei Pina Bausch an der Folkwang Universität der Künste Tanz studiert habe. Für alle, die Pina nicht kennen: Wim Wenders hat als Hommage einen Film über die Choreografin gedreht, sie war eine absolute Koryphäe, eine tolle Frau. Von ihr stammt das Zitat: „Tanzt, tanzt, sonst sind wir verloren.“ – so auch der Untertitel der Tanz-Doku, die 2011 in die Kinos kam.

Tänzerin zu werden, war schon mein Kindheitstraum. Das war ein extremer Wandel und ein Stretching, da ich aus einer Arbeiterfamilie stamme, bei der die maximale tänzerische Bewegung der Luftsprung meines Vaters war, wenn Kaiserslautern ein Tor geschossen hatte. Vom Tanzen also keine Spur daheim in Ludwigshafen in der Pfalz. Man hatte einen sicheren Arbeitsplatz in der BASF anzustreben, wie nahezu alle Familienmitglieder, und keinen Firlefanz wie Ballett im Sinn zu haben. Doch ich habe nicht aufgegeben und meinen Traum verwirklicht.

„Tanz und Jura, wie geht das zusammen?“, fragst du dich jetzt vielleicht. Haben wir nicht alle gespaltene und vielseitige Persönlichkeiten in uns? Welche Seelen wohnen in deiner Brust? Bei mir geben sich zumindest auf Anhieb zwei, nämlich Ratio und Emotio, genauer gesagt, Kopf und Herz, die Hand. Und nebenbei bemerkt, war Goethe auch Jurist. Nicht dass ich mir anmaße, mich mit der von ihm gelobten Dichtkunst zu vergleichen.

Doch wenn wir uns dem Thema Wandel und den dafür dringend benötigten Kompetenzen nähern wollen, können wir vom Tanzen viel lernen. Ich spreche hier vom Tanzen als Kunst, die auf der einen Seite Herzensangelegenheit, auf der anderen aber harte Arbeit und Hochleistungssport ist, und von den Tools, die ein professioneller und schöpferischer Sportler benötigt.

### Tänzerin

Als Tänzerin trete ich immer dann auf, wenn es um die Big54Change geht. Denn hier geht es um Attribute, die beim Tanzen und bei gelungenen Veränderungen notwendig sind. Ich habe mit dem Change „getanzt" und die Big54Change verinnerlicht. In meiner Rolle als Tänzerin bin ich kreativ und schöpferisch und erinnere dich an eine Zeit, als auch du dich noch begeistert bewegt hast und kreative Spiele spieltest. Neben der Figur der Tänzerin findest du mitten im Text auch kleine Symbole, die dir zeigen, dass es hier um die Big54Change geht.

Meine Persona hier ist also die Tänzerin, doch bitte – lass dich davon nicht abschrecken. Wenn du eher der Fußballtyp bist, denk dir einfach den Profi-Fußballer als Persona. Die Tools, die gleich folgenden Big54Change-Elemente, die ich dir vorstellen werde, sind für Fußballer und Tänzerinnen, Führungskräfte und Mitarbeitende, Rechtsanwälte und Richterinnen genau dieselben. Wichtig ist mir, dass du deine eigenen Big54Change erkennst und verstehst und deine persönliche Ausprägung definierst, um damit deinen Change-Code zu knacken.

Neben der logisch denkenden Rechtsanwältin und der leidenschaftlichen Tänzerin wohnt noch eine dritte Seele in meiner Brust, die ich zum Beruf gemacht habe: der pragmatische Coach. Auch diese Persona von mir findest du im Buch. Ich coache Teams, Mitarbeitende und Führungskräfte und Geschäftsführende bei Veränderungen und unterstütze sie bei ihrer Weiterentwicklung, damit sie ihre Ziele erreichen. Mir ist auch ihre Persönlichkeitsentwicklung wichtig. Als Coach arbeite ich mit Interventionen, gebe Anlässe für Reflexionen und stifte zu einem liebevolleren Umgang mit sich selbst an.

## Coach

Als Coach gebe ich dir Übungen zur Reflexion und Tipps zum Umsetzen des Gelesenen. In dieser Rolle bin ich absolut umsetzungs- und handlungsorientiert und gebe dir die besten Coaching-Tools für deinen Transfer, wertschätzend und lösungsorientiert. Somit ergänzt der Coach die eher kopflastige Rechtsanwältin und die Tänzerin im Herzen.

Bereit für die Big54Change?

Wenn der Code geknackt ist, verspreche ich dir, bist du in der Lage, auch den übelsten Change zu überstehen und das Beste aus jeder Situation zu machen. Was ich dir nicht verspreche, ist, dass dir ein Change nichts mehr ausmacht. Doch die Stabilisierung geht schneller, es wird schneller leichter. Wenn du deinen Code geknackt hast, wirst du wissen, wo du beruflich richtig bist, und du wirst die Kraft haben, deinen Weg zu gehen.

# 1. Die Big54Change

Die „großen Fünf“ helfen dir, für dich selbst mit Wandel besser umzugehen und aus einer schwierigen Situation herauszukommen. Sie helfen dir ebenso, wenn du als Chefin oder Teamleiter mit und in deinem Team etwas verändern willst oder musst. Die Big54Change nutzen sowohl den vom Wandel Betroffenen als auch den dafür Verantwortlichen.

Jeder Change ist eine Reise, und wenn du den Change-Code knacken willst, brauchst du die richtigen Kompetenzen in deinem Rucksack. Ich biete dir die Big54Change an, die dir im Weiteren bei allen Veränderungen, ob selbst oder fremdgesteuert, nützlich sein können.

## Dein Big54Change Nr. 1: Leidenschaft

Tanzen wie jeder Sport auf höchstem Profi-Level geht nicht ohne Leidenschaft. Tänzer brennen dafür, was sie tun, und können gar nicht anders, als es zu tun. Sie lieben es und haben Spaß und innere Freude dabei. Leidenschaft ist ein starker emotionaler Treiber, ganz im Tun aufzugehen. Ohne Leidenschaft würden Tänzer das anstrengende Training nicht aushalten. Die Begeisterung für die Bewegung ist bei Tänzern sogar so groß, dass sie abends nach einem durchtanzten Tag noch ins Fitness-Studio rennen. Leidenschaft treibt sie an, ihre Komfortzone zu verlassen, und zwar immer und immer wieder. Sie wollen besser werden, die schönste Pirouette drehen, die tollste Choreografie tanzen. Das Gleiche gilt für jeden ambitionierten Sportler – Leichtathleten, Schwimmer, Karateka, Fußballer, für alle. In der Leidenschaft drückt sich die Liebe zu dem aus, was wir tun. Leidenschaft ist eine Art Liebe, eine große Begeisterung, eine Passion. Im besten Fall haben wir es dabei mit Hingabe zu tun. Es fließt und wir fließen mit. Wer sich hingibt, ist nicht dagegen; Tänzer sind nicht gegen die Bewegung, sondern mit ihr. Auch wenn das immer und immer wieder dazu führt, sich blutige Zehen zu holen.

Per wissenschaftlicher Definition drückt sich Leidenschaft als eine heftige Gemütsregung auf der Grundlage einer sinnlichen Begierde aus. Wir befinden uns ganz auf der emotionalen Ebene. Leidenschaft ist eine Herzensangelegenheit und bringt eine gute Gestimmtheit mit sich. Wenn du etwas tust, wofür es sich deiner Meinung nach lohnt, sich anzustrengen, ist meist Begeisterung und Leidenschaft im Spiel. Dann vergeht die Zeit im Flug und du bist ganz im Flow.

## Die drei Stufen der Leidenschaft

Zahlen, Daten Fakten, Struktur sind wichtig bei Veränderungen, keine Frage, doch reine Kognition führt nicht zum Tun. Der beste Anschub sind Begeisterung und Leidenschaft. Nicht immer musst du gleich „brennen" für den Change, manchmal genügt es schon, das Gefühl der Leidenschaft überhaupt für etwas zu empfinden und so auch den Change gut zu überstehen.

Ich unterscheide drei Stufen:

**Leidenschaft – Stufe eins**
Du begeisterst dich für das Neue, für den Change, freust dich darauf und bist bereit, dich hineinzuknien und Zeit und Mühe zu investieren. So wie Tänzer sich den ganzen Tag stretchen, um besser zu werden. Leidenschaft und Hingabe führt sie an. Wenn du dich für den Change begeisterst, fällt das Stretching aus der Komfortzone leichter, ähnlich wie bei den Tänzern. Du schaffst es auch leichter, andere mitzureißen.

> *Begeisterung auf höchstem Level strahlte Peter Gerstmann, CEO von Zeppelin aus. Ich durfte ihn bei einer weltweit gestreamten Veranstaltung kennenlernen, bei der ich als Keynote Speakerin gebucht war.*
>
> *Seine Augen leuchteten, während er über gelungene Kundenprojekte sprach und das Thema „Kundenfokus" als Zukunftsstrategie erläuterte. Voller Begeisterung schilderte er zum Abschluss auch eine beeindruckende, private Geschichte, die hängen blieb: Mit seiner Familie war er zu Gast in einem hochpreisigen erstklassigen Restaurant. Seine Kinder wollten jedoch schlichtweg einfach nur Pommes ordern. Das sah die feine Speisekarte jedoch nicht vor. Auf Nachfrage entgegnete der freundliche Kellner jedoch: „Ja, natürlich kommen wir Ihrem Wunsch nach", und 15 Minuten*

*später aßen die Kleinen genüsslich ihre Fritten. Es war allen klar, dass diese nicht aus der Gourmetküche des Restaurants, sondern von einem bekannten Fast-Food-Anbieter stammten. Gerstmann erklärte: „Hier wurde ich überrascht und war extrem begeistert bei so viel Kundenfokus. Wir brauchen mehr Menschen, die mit Leidenschaft und Engagement wirken." Er beendete seinen Vortrag mit einem Lächeln, einem Lächeln, das ansteckte, und erntete Applaus im Studio vor Ort und im Chat.*

Für diesen Change in puncto Kundenfokus konnte Peter Gerstmann dank seiner nahbaren und leidenschaftlichen Art seine Zuhörer leicht gewinnen. Begeisterung wirkt extrem ansteckend. Mit Begeisterung gewinnst du doppelt. Begeisterte Mitarbeiter, Führungskräfte und Projektleiter sind extrem ansteckend und haben selbst Freude bei dem, was sie tun. Sie erreichen ihre Leute nicht nur rational, sondern auch emotional. Das verbindet und schwappt über und schafft Engagement, und so schaffst du es, andere mitzureißen und für dich zu gewinnen. Schon der heilige Augustinus wusste: „In dir muss brennen, was du in anderen entzünden willst."

**Leidenschaft – Stufe zwei**

Nicht der Wandel an sich begeistert dich, doch dein Job prinzipiell schon. Da ist der Schuhverkäufer, der Schuhe liebt und es liebt, zu verkaufen und seine Kundinnen und Kunden „schön" zu machen. Oder die Lokführerin, ein Technik-Nerd, die in einem Interview sagt, wie sehr sie es liebt, Menschen zu befördern und von einem Ort zum anderen zu bringen. Der Frisör, der sein Handwerk als Kunst versteht und mit Begeisterung dabei ist. Begeisterte und zufriedene Kunden sind das Ergebnis. Wenn jetzt eine Veränderung einschlägt, wie zum Beispiel, dass dem Besitzer der Laden gekündigt wird, schaffen die Mitarbeiter es schnell, Lösungen zu finden, um ihr Handwerk weiter mit Leidenschaft auszuüben. Wie bei meinem Frisör am Tegernsee. Der Ladeninhaber steckte den Kopf in den Sand, erstarrte und handelte nicht. Doch das Team plante und handelte – mit dem Ergebnis, gemeinsam in einem neuen Laden weiter das tun zu können, was sie lieben.

*Ich durfte einen Autoverkäufer, kennenlernen, der seinen Job liebte und das auch ausstrahlte. Ich spürte: Er wollte mich als Kundin glücklich machen. Ich bin eine Frau, das heißt, die Farbe des Autos ist wichtig. Und auch das nächste Klischee passt: Von der Technik habe ich wenig Ahnung.*

*Doch schnell sollte der Wagen fahren. Das Resultat ist mein neues Auto, hybrid und bergtauglich. Wie hat mich der Verkäufer überzeugt? Was hat er besonders gemacht? Um ehrlich zu sein, war es gar nicht so besonders. Er hat einfach wirklich zugehört und mir genau das geliefert, was mich glücklich gemacht hat.*

*Ein Negativbeispiel: Kürzlich in einem Business-Hotel in Zürich fragte ich als Gast den Portier nach einem guten Restaurant in der Stadt. Darauf sagte er: „Wissen Sie, ich gehe gar nicht essen. Und wenn, dann esse ich Fast Food. Am Flughafen draußen gibt es ein Steakhaus." Punkt und Ende des Gesprächs. Er hatte so was von kein Interesse geschweige denn die Leidenschaft gezeigt, mir bei meinem Anliegen zu helfen. Vielmehr hatte er alles aus seiner eigenen Perspektive beantwortet und nicht auf meine Frage bezogen. Er hat autobiografisch zugehört, das heißt das Gehörte auf seine Biografie bezogen. Schlecht im Dienstleistungsbusiness, schlecht für die Kunden.*

Wenn Leidenschaft im Job selbst verankert ist, können wir uns gut austoben und sind voller Freude und zufrieden. Wenn sich Dinge ändern, sind solche Menschen schnell stabilisiert, da ihre Leidenschaft sie trägt.

Doch wie oft kommt es vor, dass die Leidenschaft nicht im Job verankert ist und dieser mehr als Pflicht oder sicheres Einkommen gesehen wird, dessen Notwendigkeit man sich halt unterwirft. Damit sind wir bei Stufe 3.

**Leidenschaft – Stufe drei**

Pflicht und Geldverdienen sind angesagt. Begeisterung ist eher weit weg. Wie viele Angestellte dümpeln ohne Leidenschaft und Begeisterung eher unmotiviert in einem 9 to 5 Job herum. Sehr viele, wenn man den Gallup Engagement Index jährlich beobachtet. Gehalt wird mehr als Schmerzensgeld angesehen. Man fiebert in Richtung Feierabend, Wochenende, Urlaub und Rente. Wenn dann eine Krise, Veränderungen und damit verbunden Unsicherheiten im Unternehmen und Arbeitsalltag einziehen, verlieren solche Menschen schnell den Halt. Was tun in solchen Situationen?

Wenn der Job es nicht hergibt, hilft es, Begeisterung woanders zu suchen, im Privaten. Wir brauchen etwas, wofür wir brennen. Wenn das bedauernswerterweise nicht oder nur bedingt im Job ist, sollte es wenigstens im Privatleben etwas geben, wofür du dich begeistern kannst. Begeisterung trägt dich durch schwierige Situationen, kann dich über Wasser halten. Da ist der Hundefreund, der in seiner Freizeit alles für seine Vierbeiner macht und sich mit viel Freude und Begeisterung um sie kümmert.

> *Ein Bekannter von mir ist „okay" mit seinem Job, er liebt ihn nicht, findet ihn aber auch nicht so schlecht, dass er wechseln will. Er hat für sich entschieden, dass er seine Begeisterung privat findet und ihn seine ausgiebigen Bergtouren tragen.*

Welche Leidenschaft schlummert in dir? Liebst du es, in deiner Freizeit Gitarre zu spielen, oder wanderst du gerne? Bist du ein Hobbykoch oder ein Bücherwurm? Womit kannst du dich in schwierigen und unsicheren Zeiten über Wasser halten?

Hast du schon einmal eine Begeisterungs-Inventur gemacht?

- ◇ Wann fühlst du dich im Unternehmen, in deinen Projekten, als Mitarbeiter oder Chefin, im Flow? Wann machst du „dein Ding" und bist weder in der Unter- noch in der Überforderung?
- ◇ Wann bist du positiv emotionalisiert bei deiner Tätigkeit und kannst gar nicht genug bekommen?
- ◇ Wo spürst du Begeisterung in deinem Körper? Wie transportierst du Begeisterung auf andere (Mimik, Gestik, Worte)? Hängt deine Leidenschaft an einer bestimmten Kompetenz oder Fähigkeit?
- ◇ Wie viel Prozent machen Leidenschaft und Begeisterung in deinem Arbeitsalltag aus? Kannst du Anti-Begeisterungs-To-dos delegieren?
- ◇ Wenn du schon lange nicht mehr begeistert oder voller Leidenschaft etwas getan hast, such dir Mini-Momente und kleine Begeisterungsräume und versuch, diese auszubauen.

Wenn du zu dem Ergebnis kommst, dass diese Inventur eher schlecht für dich ausfällt, greife auf Privates zurück, um das Pflänzchen der Begeisterung weiter zu pflegen und zu nähren. Was liebst du oder was machst du gerne in deiner Freizeit? Lass Begeisterung hier bewusst zu und leb die damit verbundenen Emotionen aus. Wenn du mehr davon tust, wirst du mehr Begeisterung anziehen

Das Gegenteil von Begeisterung ist Desinteresse. Abgewandtheit, Apathie. Ein Egal-Gefühl hat die Welt noch nie bewegt. Um es mit Steve Jobs zu sagen: „Menschen mit Leidenschaft können die Welt verbessern." Also fang an zu suchen und gib bitte nicht auf.

## Dein Big54Change Nr. 2: Disziplin

Disziplin und das damit verbundene Durchhaltevermögen ist Nr. 2 deiner Big Five For Change.

> *Stell dir vor, du hast jeden Tag von morgens bis abends Training, so wie ich als Tanzelevin. Ich trug Spitzenschuhe, und wir tanzten den ganzen Tag auf Zehenspitzen und drehten eine Pirouette nach der anderen. Ich strengte mich an, um es gut zu machen. Immer wieder von vorne, Port de Bras, zweite, vierte Position und dann drehen. Meine Lehrerin Pina Bausch spornte mich an. Sie sagte immer: „Los, weiter, besser. Da geht noch mehr." Es tat weh, ich merkte, dass der Schuh an den Zehen rieb. Ich spürte die Blase wachsen und machte dennoch weiter. Die Blase platzte, es rieb weiter, der Zeh fing an zu bluten. Da Tanzen Sport und anstrengend ist, schwitzt man an den Füßen, es fühlte sich an wie Salz in der Wunde. Ich war kurz davor, alles hinzuschmeißen. Am Abend humpelte ich zum Waschbecken, verpflasterte meine Zehen, wusch mein Trikot und dachte: „Ich kann nicht mehr." Weißt du, was bzw. wer mir geholfen hat, nicht aufzugeben und diszipliniert weiterzumachen? Meine Oma. Eine patente, freundliche Frau, die sieben Kinder geboren hatte und mir sehr zugetan war. Ich liebte sie sehr. Als sie merkte, wie nah ich am Aufgeben war, sagte sie zu mir: „Susanne, halt durch, wer durchhält, bekommt etwas geschenkt." Das nahm ich mir zu Herzen, und ich konnte weiter meine Pirouetten drehen. Dieser Satz hat mir schon in vielen Situationen geholfen und ist mein Wegbegleiter bei Veränderungen geworden. Denn, machen wir uns nichts vor, Change kann ganz schön anstrengend sein, und eine gewisse Selbstdisziplin hilft dir weiter.*

Wenn wir beim Sport bleiben, so fordert natürlich nicht nur das Tanzen Disziplin. Egal für welche Sportart du dich entscheidest, du musst durchhalten, wenn du dein Ziel erreichen willst. Jeder Lauf bis hin zum Marathon erfordert Disziplin. Wenn Kinder begeistert Fußball spielen, hilft ihnen genau diese spielerische Leidenschaft, den ganzen Tag zu kicken, ohne müde zu werden.

Die Leidenschaft treibt uns an, die Disziplin lässt uns durchhalten und weitermachen. Sonst verpufft eine Vision, eine begeisternde Idee schnell, wenn es nicht auch die Disziplin gibt, dranzubleiben und das Ganze umzusetzen. Was wir nicht hören wollen: Das Geheimnis des

Erfolges ist harte Arbeit. Gerade bei sehr erfolgreichen Menschen glauben wir, dass er ihnen mehr oder weniger zugefallen ist. Wir sehen nicht die Mühe und unzähligen Anläufe, das häufige Scheitern und den dahinterstehenden Willen und die Disziplin, wieder aufzustehen und weiterzumachen, sich auf Neues einzulassen und mit dem Wandel zu gehen.

> *Ich habe in meiner Wahlheimat Tegernsee schon Vorträge vor fast leerem Saal, mit nur einer Handvoll Zuhörern, gehalten. Mir wäre es auch lieber gewesen, wenn mir die bis auf den letzten Platz gefüllte Halle zugejubelt hätte. Doch Aufgeben war keine Option. Diszipliniertes Weitermachen war angesagt, und zwei Jahre später tobte die Porsche Arena in Stuttgart mit 3000 Zuschauern. Der Weg dahin war nicht einfach gewesen, doch der Erfolg fühlte sich dann leicht an.*

Disziplin klingt ein wenig nach Zahnarztbesuch. Du weißt, was ich meine. Doch auch der Zahnarzt verliert komplett seinen Schrecken, wenn wir immer gut mit uns umgehen und für uns mit Disziplin und Regelmäßigkeit – in diesem Fall für unsere Zähne – sorgen.

### Die kleinen Schritte der Selbstdisziplin

Disziplin bedeutet, kontinuierlich Anstrengungen zu unternehmen, um die gesetzten Ziele zu erreichen. Dabei kontrolliert man sich gewissermaßen selbst. Das können auch kleine Schritte bei neuen Herausforderungen sein. In einer schwierigen Situation, bei viel Change etwa, ist es sinnvoll, sich Strukturen zu schaffen und diese konsequent zu befolgen. Solche Strukturen geben Halt im Ungewissen. Zum Beispiel hat die Corona-Pandemie für viele arbeitende Menschen dazu geführt, dass sie von einem Tag auf den anderen im Homeoffice ihre Leistung erbringen mussten. Da hilft es sehr, seinen Tag strukturiert zu gestalten, sich diszipliniert danach zu richten und unangenehme, aber dennoch wichtige und notwendige Aufgaben als Erstes zu erledigen, wie zum Beispiel ein Konfliktgespräch mit dem Kunden zu führen.

Selbstdisziplin ist aber auch das Durchhaltevermögen, das jemand aufbringt, der mit etwas Neuem – wie zum Beispiel mit dem Joggen – anfängt und auch weitermacht, wenn es anstrengend wird.

Die kleinen Schritte der Disziplin können dir auch helfen, wenn es um deinen persönlichen Change vom faulen Nicht-Sportler zum Jogger geht. Natürlich wirst du über Nacht nicht zum Marathonläufer. Fang klein an: Am ersten Tag stellst du deine Laufschuhe sichtbar in deiner Wohnung hin. Am nächsten Tag ziehst du sie an und gehst einmal die Treppen rauf und runter. An Tag drei gehst du im Sportoutfit um den Block. Am vierten Tag gehst du einen Kilometer. Danach trippelst du ein paar Schritte, ein, zwei Minuten lang, und gehst dann wieder. Und so weiter. Steigere dich langsam. Geh, wenn möglich, immer zur selben Uhrzeit los und halt dich diszipliniert an deinen Plan. Jetzt solltest du darauf achten, dass das Ganze eine neue Gewohnheit wird und wie von allein läuft. Wie lange es dauert, bis das Joggen dir zur Gewohnheit wird, da scheiden sich die Geister. Ging der amerikanische Chirurg Maxwell Maltz[2] noch von der 21-Tage-Regel aus, gibt es neuere Untersuchungen, die im Schnitt 66 Tage empfehlen. So Philippa Lally[3], die mit Probanden untersuchte, wie lange diese benötigten, eine neue Alltagsroutine zu implementieren. Also am besten, du wiederholst das Ganze mindestens 66 Tage, damit es zur neuen Gewohnheit wird. Belohn dich am Ende mit etwas Kleinem: Iss genüsslich deinen Apfel, rufe jemand Netten an, guck deine Lieblingsserie.

Es ist, wie meine Oma sagte: Wenn du dir diszipliniert einen Fokus setzt, dein Ziel im Blick behältst und dich nicht ablenken lässt, erhältst du am Ende dein Geschenk: Du hast dein Ziel erreicht und bist glücklich und zufrieden.

Disziplin bewegt sich zwischen Zwang und Laissez-faire. Bei zu viel Disziplin ist schnell Zwang und Drill im Spiel. Gerade wenn du Perfektionist bist, kommt dir das sicherlich bekannt vor. Immer besser, schneller, weiter. Ohne Disziplin neigen wir zum Chaos. Wir fangen dann viele Dinge an und beenden sie nicht. Wie mit allem kommt es auf das gesunde Maß an. Achte auf deine Grenzen beim Durchhalten und der Disziplin mit dir selbst. Geh langsam und stetig vor. Dann klappt es auch mit dem Change.

In dem Maße, wie du diszipliniert bei deinen Zielen bist, achte genauso diszipliniert auf deine Selbstfürsorge. Gerade bei Veränderungen im Außen, also im Unternehmen, im Job, ist es wichtig, gut zu sich selbst, das heißt, im Innen zu sein. Wir verlieren uns sonst schnell selbst.

Kümmere dich diszipliniert um dein Wohlbefinden. Gerade im Jahr des Homeoffice habe ich viele Menschen im großen Change erlebt. Isolation, Überarbeitung, ein Meeting jagte das nächste. Ich hatte Top-Manager im Zoom-Coaching, die verzweifelt waren und in Tränen ausbrachen vor lauter Überlastung. Es ist wichtig, nicht nur im Job zu funktionieren, sondern sich auch bewusst und diszipliniert um einen Ausgleich und das eigene Wohlbefinden zu kümmern. Doch das passiert selten, denn es gibt ja immer etwas zu tun, und wenn du zu der Kategorie der Pflichtbewussten gehörst, fällt die Selbstfürsorge schnell hinten runter. Das Gute ist: Du besitzt die Ressource der Disziplin bereits aus deinem Business, denn dort tust du alles deinerseits Machbare. Jetzt musst du diese Ressource nur auf dich selbst übertragen. Also sei für dich selbst dein eigener disziplinierter CEO, dessen Aufgabe es ist, auch für Selbstfürsorge und Entspannung zu sorgen. Das gibt Kraft und ist ungemein hilfreich bei dauerhaftem Wandel.

Stell dir die folgenden Fragen: Was tut mir gut? Was gibt mir Kraft? Wo kann ich entspannen? Was gibt mir Energie? Was begeistert mich? Nimm dir Zeit für dich und setz deine Antworten diszipliniert um, und zwar Schritt für Schritt.

## Dein Big54Change Nr. 3: Loslassen

Beim Tanzen ist Festhalten nicht zielförderlich. Du kannst keine Bewegung festhalten. Alles fließt. Tanzen ist eine Kunst, die sehr vergänglich ist, die im Jetzt lebt. Tänzer trainieren auf den einen Moment hin, und dann ist alles wieder weg. Applaus verhallt. Loslassen und wieder neu beginnen. Das Heute zählt und das, was sie jetzt kreieren.

Bevor du etwas Neues tust, musst du das Alte beenden. Du kannst nur etwas Neues lernen, wenn du das Alte verlernst, es also loslässt. Doch Loslassen fällt uns richtig schwer. Warum ist das so?

Wir kleben oft an alten Dingen fest, weil das Vertrauen in das Neue noch fehlt. Kennst du die Sätze „Das haben wir schon immer so gemacht!“ und „Ich bin halt so!“? Das sind extreme Festschreibungen. Wir können uns nur schwer trennen von alten Gewohnheiten, Glaubenssätzen und Überzeugungen. Wir befinden uns nicht in einem Perpetuum Mobile, wir wollen eigentlich nur unsere Komfortzone aufrechterhalten. Hier fühlen wir uns sicher.

Wie du Entwicklungsräume öffnen kannst, erfährst du etwas später in diesem Buch.

Das Alte, wenn es auch eher schlecht für uns ist, ist dennoch gewohnt. Es loszulassen, macht uns Angst. Loslassen bewegt sich zwischen Angst und Vertrauen. Loslassen hat demnach verschiedene Facetten.

### Altes „sein lassen“

Manche Dinge wollen wir ganz sein lassen, also in Zukunft keinen Fokus mehr darauf setzen. Dafür müssen die alten Dinge in unserer Erinnerung einen guten Ort finden, an dem wir sie „sein lassen“ können, wo wir sie gut „parken“ und uns bei Bedarf daran erinnern können.

> *Als meine geliebte Mentorin und Lehrerin Inge Langen mit über 80 Jahren verstarb, war das eine für mich sehr schwierige Situation. Sie war mir so nah und ich habe ihr extrem viel zu verdanken. Sie hat mich gefördert und gefordert und immer an mich geglaubt. Ich konnte sie nicht*

*gehen lassen und klebte fest an ihr, in all meinen Gedanken. Das war nicht förderlich für meine neuen Projekte, und das hätte sie selbst auch nicht gewollt. Da half mir ein besonderes Ritual: Ich fuhr an einen für sie ganz wichtigen Platz in die Schweiz (dort war ich auch einige Male mit ihr gewesen), nahm dort bewusst von ihr Abschied, rahmte ein großes Foto von ihr (es hängt noch heute in meiner Wohnung) und gab ihr einen ganz wichtigen Platz in meiner Erinnerung. Ich konnte sie loslassen, indem ich sie in meiner Erinnerung „sein lassen" und zulassen konnte und einen guten Platz für sie gefunden hatte.*

## Neues vertrauensvoll zulassen

Loslassen ist nicht nur wichtig, wenn wir Neues erreichen oder mit Altem abschließen wollen. Es ist auch wichtig, wenn unliebsame Veränderungen auf uns zukommen. Dann am Alten festzuhalten, macht uns handlungsunfähig und lässt uns nahezu erstarren. Nimm einmal das Bild: Du hältst mit beiden Händen an etwas (Altem) fest. Erst wenn du deine Hände öffnest und loslässt, kannst du Neues anpacken. Doch die Angst davor lässt uns erstarren. Manchmal denke ich, wir haben zu viel Angst in Deutschland und zu wenig Vertrauen.

Eine konkrete Angst vor einer realen Bedrohung ist sinnvoll – wenn ein Elefant auf mich zu rennt in Afrika, dann ist Furcht angebracht. Ich habe das selbst erlebt bei einer Safari. Dann heißt es: Nichts wie weg. Doch Angst ohne einen konkreten Angriff ist irrational diffus. Angst bringt uns nicht weiter. Geh nicht gegen deine Angst an, sondern lass sie zu, erlaub es ihr, da zu sein, ohne sie gutzuheißen. Hab Vertrauen in dich und in das, was du bisher geschafft hast, denn du bist viel mehr als deine Angst. Vertrauen lässt uns leichter loslassen und zuversichtlich sein.

*Ich war in einer Unternehmensberatung als Managerin tätig, als der passionierte CEO eine wichtige Change-Rede vor der Belegschaft hielt. Es sollte so einiges verändert werden, neue Strukturen und Prozesse, mehr Umsatz. Man wollte mit einer neuen Strategie in eine glorreiche Zukunft marschieren. Der CEO wies auf eine andere Beratung hin, die um einiges erfolgreicher war und bessere Zahlen schrieb. Er glorifizierte das andere Unternehmen und machte deutlich, dass man genau dorthin wollte. Denn dort gab es eindeutig bessere Strukturen, bessere Prozesse, mehr Motivation, höheren Umsatz und, und, und. In diesem Moment merkte ich, wie sich Widerstand unter den Zuhörern ausbreitete. Arme wurden verschränkt und die Gesichter finster. Die Mitarbeitenden hielten in der Folgezeit krampfhaft am Alten fest, das Neue konnte nicht umgesetzt werden. Was hatte der CEO falsch gemacht? Finde den Fehler!*

Bei Veränderungen in Unternehmen muss uns eines klar sein: Jede Veränderung ist eine Kritik am Bestehenden. Es ist gut, sich hohe Ziele zu setzen, doch ganz wichtig ist es, das, was gut ist und uns bisher erfolgreich gemacht hat, ebenfalls wertzuschätzen. Das Alte und Gute hatte der CEO jedoch schlichtweg ignoriert. Bei der Belegschaft kam seine Botschaft so an: „Ihr habt bislang alles falsch gemacht. Die anderen sind besser." Angst vor dem Neuen, Unbekannten, das man bislang nicht so gemacht hatte, breitete sich aus, verbunden mit dem Gefühl: Wir sind nichts wert. Loslassen geht am besten mit Wertschätzung des Alten und Vertrauen in das Neue. Ein Lob des CEO, eine Anerkennung dessen, was gut war oder was unseren ehemaligen Erfolg ausgemacht hat, hätte den Change viel leichter gemacht. Wertschätzung hilft ungemein beim Loslassen. Auch bei persönlichen Veränderungen sollte das, was sich ändern soll, mit Wertschätzung für das Gute daran betrachtet werden.

Etwas für uns Wichtiges in der Erinnerung „sein lassen" und es damit loslassen kann zum Beispiel so geschehen: Wenn du einen geschätzten Chef verlierst und ihm nachtrauerst, gib der vergangenen Beziehung eine besondere Wertschätzung. Finde ein Ritual, das gut für dich passt, und gib der Person dann einen guten Platz in deiner Erinnerung.

Du musst von einem Job Abschied nehmen? Finde Rituale der Wertschätzung für deine alte Stelle und deine darin ausgelebten Kompetenzen und Fähigkeiten. Lass diese bewusst an einem guten Ort in deiner Erinnerung zu, einem Ort, den du immer wieder aufsuchen kannst.

*Ein Unternehmen, das erkannt hat, wie wichtig es ist, eine gute Kultur des Abschieds und des Loslassens zu kreieren, ist Netflix mit seinem Culture Deck4. Dort versucht man nicht, Mitarbeiter mit extrinsischer Motivation wie Geld zu knebeln und zu binden, sondern legt Wert auf intrinsische Motivation und glückliche Mitarbeiter. Daher wird die Grundhaltung gepflegt: Wenn Menschen gehen wollen, muss ein*

*Unternehmen das akzeptieren und sogar begrüßen. Dahinter steckt der Gedanke, dass Mitarbeiter sich neue Ziele setzen wollen und es keinen Sinn macht, Leute, die sich trennen wollen, aufzuhalten. Hinzu kommt, dass dynamische Unternehmen frischen Wind brauchen und somit Raum für neue ambitionierte Leute frei wird. Nach innen wie nach außen wird der wertschätzende Abschied gepflegt. Netflix hat erkannt, dass man gute Leute auch ziehen und loslassen muss, um damit andere gute Leute nachziehen zu lassen. Dahinter zeigt sich das Vertrauen, dass dann auch wieder engagierte top Leute kommen werden. Festhalten macht keinen Sinn. Erst kommt das Zulassen und danach das Seinlassen gefolgt von dem Loslassen.*

Kreiere so wie Tänzer jeden Tag deine eigene Choreografie. Wir können die Tage nicht festhalten. Auch wir verändern uns, täglich, monatlich, jährlich. Das liegt in unserer Natur. Alles ist vergänglich. Festhalten führt zur Stagnation. Wandel geschieht immer. Welche Choreografie willst du heute kreieren? Als Coach habe ich zwei mächtige Fragen für dich:

Wer willst du sein?
Wie willst du wirken?

Was gilt es loszulassen in Wertschätzung und Anerkennung? Welcher neue Raum darf sich öffnen? Wo gibt es noch Ängste? Du kannst ein Experiment machen: Sprich mit deinen Ängsten, damit sie ihren Schrecken verlieren. Für was sind deine Ängste gut? Gib auch deinen Ängsten liebevoll einen Platz. Was gibt dir Vertrauen, um Neues zu kreieren und dir neue Ziele zu setzen?

## Dein Big54Change Nr. 4: Flexibilität

Strukturen und Prozesse sind wichtig, so wie beim täglichen Tanz- oder Sporttraining. Wiederholungen und starre Abläufe dienen dem Training. Doch um Herausforderungen zu meistern und Großes zu schaffen, brauchen wir Flexibilität. Der tänzerische Körper strotzt vor Flexibilität. Kreativität ist nicht starr, sondern flexibel. Es wird gedehnt, gedreht, verbogen, neue Formen werden angenommen. Veränderungen brauchen Flexibilität und den Mut, etwas Neues, etwas noch Chaotischeres zuzulassen. Neue Choreografien brauchen Flexibilität. Innovationen entstehen, wenn wir etwas anders machen als gewohnt. Weg vom Mainstream.

Nietzsche hat das wunderbar in einem Satz formuliert: „Man muss noch Chaos in sich haben, um einen tanzenden Stern gebären zu können." Dazu muss man Dinge hinterfragen, Neues wagen, flexibel handeln.

Wenn jedoch zu viel Flexibilität im Spiel ist, ist die Gefahr groß, sich zu verzetteln. Tausend Dinge gleichzeitig tun, viele Ideen haben, kreativ sein: Alles fein. Wichtig ist es, dafür ein gutes Maß an Flexibilität zu finden, und zwar eines, das dir und deinen Zielen dienlich ist.

2020 brach die Corona-Pandemie in Deutschland aus. Viele Trainer- und Speakerkollegen und -kolleginnen nahmen eine starre Haltung ein, nach dem Motto: „Wir warten einfach ab, das wird schon wieder. Online geht nicht bei mir. Ich will nur mit Menschen persönlich arbeiten." Sie zeigten sich nicht flexibel. Doch die Krise verschwand leider nicht so schnell. Viele Kollegen wurden arbeitslos, denn das „Offline-arbeiten-Können" war noch in weiter Ferne.

### Adapt or die

Was bedeutet hier Flexibilität? Im ersten Schritt Anpassung.

Adapt or die. Charles Darwin hat es schon auf den Punkt gebracht: Nicht die Besten überleben, sondern die, die sich am besten anpassen können. Anpassungsfähigkeit braucht Flexibilität. Im Prinzip begrenzt unser Wissen unser Vorstellungsvermögen. Denn wir glauben in erster

Linie das, was wir wissen. Nehmen wir einen alten Trainer-Glauben: Trainings funktionieren nur persönlich, und zwar face to face. Punkt. Das wissen wir aus früheren Zeiten, diese Erfahrung haben wir gemacht. Nur – in einer Krise und bei Veränderungen nutzt uns all dieses Wissen nichts, im Gegenteil, es hält uns sogar vom flexiblen Handeln ab. Von diesem Wissen abzuweichen, es links liegen zu lassen und etwas ganz anderes ausprobieren, das bringt uns zum Thema Innovationen. Wenn du immer das tust, was du schon immer getan hast, wirst du immer dieselben Ergebnisse erhalten, die du schon immer erhalten hast. Es kann aber auch passieren, dass sich der Kontext ändert und ein anderes Handeln gefragt ist. Der Wissenschaftler Joseph Schumpeter sagte, dass Innovationen schöpferische Zerstörung brauchen.

Also heißt es auch: Innovate or die. Erst, wenn du bereit bist, dich anzupassen und mit dem Change zu schwingen und zu tanzen, kannst du daraus Neues entwickeln. Wenn du immer am Vergangenen klebst, ist es so, als ob du in deinem Auto sitzt und nach vorne fährst und dabei die ganze Zeit in den Rückspiegel schaust. Sieh nach vorn. No point crying over spilled milk.

> *Im März 2020 war mit einem Knall auch mein Auftragsbuch leer. Es ging alles nur noch online, keine persönlichen Begegnungen mehr. Wie habe ich reagiert? Ich habe mich angepasst und alles online angeboten. Zuerst zugegeben etwas holprig. Ich hätte die Menschen in meinen Keynotes, Trainings oder Coachings nach wie vor lieber „wirklich" getroffen; das „Online" hat meine Komfortzone ganz schon gestretcht. Ich bin kein „Techie". Anfangs hatte ich, meist kurz vor einer Panikattacke – es funktionierte mal wieder nichts in MicrosoftTeams, während 300 Teilnehmende auf meine Keynote warteten –, nahezu eine Standleitung zum Techsupport, doch nach dessen banaler Lösung „Alles ausschalten und wieder neu hochfahren" funktionierte es in der Regel. Ziemlich schnell war ich diesen Stress leid und sattelte um: Ich investierte Tausende von Euro in Studiotechnik, Green Screen, Scheinwerfer, Atem mini und buchte einen Stand-by-Techniker, damit ich weiterhin Trainings und Keynotes professionell und innovativ halten konnte und kann. Das waren meine Innovationen, die durch die Krise angetrieben wurden. Tausende von Teilnehmenden konnte ich so inspirieren.*

Wenn du einer Herausforderung begegnest, stell dir immer wieder die Frage: Wie kann ich *mit* der Herausforderung gehen, nicht *gegen* sie? Wie kann ich mich anpassen? Wie kann ich mitschwingen und im Fluss sein?

Sich anzupassen und zu innovieren ist eine Entscheidung mit Konsequenzen. Du entscheidest, was du tust. Du schreibst deine Choreografie und füllst sie anschließend mit Leben.

Wie deine Choreografie gelebt wird, das hängt vom letzten der Big54Change ab.

## Dein Big54Change Nr. 5: Haltung

Wenn das Leben Pirouetten dreht, nimm Haltung ein. Welche Attitude hast du? Wenn eine Sache beim Ballett ausschlaggebend ist, dann ist es die Haltung, die die Tänzerin, der Tänzer einnimmt. Jede Bewegung startet mit einer bestimmten Position. Beim Tanz nehmen wir eine gerade, aufrechte Haltung voller Körperspannung ein, Bauch rein, Brust raus. „Kopf gerade" kommt auch noch oft dazu. Wenn deine Körperhaltung nicht stimmt, misslingt jede noch so kreative schöne Bewegung. Gebeugt und schlaff wirst du es nicht schaffen, dich einer aufrechten Pirouette hinzugeben. Es kann nur schiefgehen. Du nimmst Haltung ein und nimmst dir die Bühne und den Raum, den du als kreativer Tänzer bewegst. Für die perfekte Position und Haltung trainieren Tänzer tagein, tagaus, unermüdlich.

### Die Körperhaltung

„Haltung" ist zunächst rein körperlich gemeint: Gehst du aufrecht durchs Leben oder ertappst du dich schon einmal dabei, wie du deine Schultern hochziehst und mit deinen Augen den Boden fixierst? Wenn ein Wandel geschieht, der uns nicht passt, nehmen wir oft eine ungute Haltung ein, und zwar innerlich wie auch äußerlich. Interessanterweise können wir von außen auf unsere Stimmung und Haltung einwirken, indem wir schlichtweg wieder eine körperlich gute Haltung einnehmen. Genauso geht das von innen heraus. Wenn du angespannt bist und einen lustigen Film ansiehst, dissoziiert dich dein Lachen von der schwierigen Situation. Schon tritt etwas Entspannung ein. Wenn du die Augen schließt und dich in Gedanken an deinen letzten Traumurlaub erinnerst oder an eine lustige Situation mit deinen besten Freunden, schwupps, geht es dir besser und deine Haltung ändert sich. Vielleicht lächelst du sogar. Probier es aus.

Wenn du gebückt durchs Leben gehst, mit hängendem Kinn, Schultern und Oberkörper, wird sich schnell auch eine negative Stimmung ausbreiten. Wie oft sitzen wir gebückt und zusammengekauert an unserem Schreibtisch und erwarten gute Ergebnisse in mieser Haltung. Wenn du hingegen eine starke, aufrechte Haltung voller Körperspannung einnimmst, lassen auch hier Resultate nicht lange auf sich warten. Probier auch das aus: Richte dich einfach kurz auf und nimm Haltung ein!

Du fühlst dich ausgelaugt und kaputt, und dennoch wartet das nächste Online-Meeting? Jetzt heißt es Haltung einnehmen: Setz dich aufrecht hin und atme ein paarmal tief in den Bauch. Bauchatmung kann Wunder vollbringen. Wir nutzen sie leider nur selten, und im Stress atmen wir nur maximal bis zur Brust. Nimm eine fokussierte, klare und starke Haltung ein.

Neben deiner körperlichen Haltung kann auch noch Folgendes helfen: Viele tragende Persönlichkeiten lächeln einfach, wie die Mona Lisa und Buddha: ein leichtes, sanftes Lächeln. Im Yoga finden wir folgenden Satz: Lächele beim Üben. Tu es einfach.

Wie soll das gehen, wenn ich gestresst bin, denkst du jetzt. Ganz einfach: Beam dich in Gedanken in eine wunderschöne berufliche oder private Situation. Wenn ich das mache, denke ich zum Beispiel an ein TV-Interview, bei dem ich super Feedback bekommen habe und happy nach Hause gefahren bin. Schließ die Augen und denk an ein schönes Erlebnis. Und da ist es dann auch schon, dein Lächeln. Du merkst, du kannst kraft deiner Gedanken deine Haltung und Einstellung verändern und dich so aus der machtlosen Opferhaltung befreien.

### Die innere Haltung

Ein Opfer nimmt eine andere Haltung ein als ein kraftvoller Gestalter. Unsere Haltung spielt in doppelter Hinsicht eine große Rolle: Neben der rein körperlichen Haltung haben unsere innere Haltung und Einstellung große Auswirkungen im Außen. Eine kreative Tänzerin hat eine ganz klare Haltung zu sich und ihrer Kunst: Sie will es gut machen und strebt danach, immer besser zu werden. Sie will sich entwickeln und sie lernt aus Fehlern. Hierbei handelt es sich um die innere Haltung. Wenn die fünfte Pirouette nicht klappt, dann dreht sie einfach die sechste. Vielleicht ist auch erst die siebte richtig gut. Tänzer sind fokussiert und haben eine klare Haltung zum Tanz.

Welche Haltung nimmst du ein, wenn es anstrengend wird? Verfällst du in eine Opferhaltung und denkst: „Ich Armer, immer muss mir das passieren“? Verzweifelst du? Hängst du fest? Oder findest du Lösungen und bleibst zuversichtlich? Was ist alles möglich, wenn wir daran glauben und es zulassen? Was, wenn das Leben hin und wieder eine kleine Prüfung für dich parat hat, die es zu meistern und zu bestehen gilt, damit du an dich glauben und deine Fähigkeiten nutzen kannst, um sie zu bestehen? Du bist etwas Besonderes und daran solltest du auch glauben.

> *Ein Klient von mir hatte schon lange ein Haus für sich und seine Familie gesucht und endlich bei einem Bauträger einen schönen Neubau gefunden. Alle waren begeistert und freuten sich schon auf das neue Heim. Bald war man sich einig, alle Fragen waren beantwortet und der Notartermin anberaumt. Doch kurzfristig sagte der Bauträger ab. Eine große Enttäuschung bis hin zur Verzweiflung machte sich breit. Mein Klient und seine Familie hatten das Haus doch schon in Gedanken eingerichtet, sich darin gesehen. So ein Mist, das ist doch wirklich ärgerlich, oder? Vielleicht aber war auch dies eine Prüfung, die das Leben für meinen Klienten bereitgehalten hatte. Opfer oder Gestalter, welche Rolle wollte er einnehmen? Beides war denkbar: „Ich bin Opfer des unglaublich unprofessionellen Bauträgers, noch mal falle ich nicht drauf rein. Wir legen unsere Hauspläne erst mal auf Eis." Oder: „Ich bin Gestalter meines Lebens und meiner Pläne, und das richtige Haus wartet noch auf uns. Wir suchen weiter und finden es." Mein Klient entschied sich für die Gestalterrolle, und stell dir vor: Nur wenige Monate später fand er tatsächlich das perfekte Haus – noch schöner als das vorige.*

Bei unserer Einstellung zu Veränderungen nutzen wir gerne das neumodische Wort „Mindset". Unser Mindset spiegelt unsere Haltung und Einstellung wider. Bist du grundsätzlich offen für Veränderungen? Ist deine Haltung wachstumsorientiert oder siehst du mehr deine Grenzen? Denkst du, du könntest etwas bewegen und viel erreichen, oder fühlst du dich machtlos, als eher kleines Rad im Getriebe?

Die US-amerikanische Professorin Carol Dweck[5] hat dieses Thema genauer untersucht und unterscheidet zwischen dem sogenannten „growth mindset" und dem „fixed mindset". Demnach haben wir eine starres („fixed") Selbstbild von uns, wenn wir unsere Fähigkeiten und Intelligenz als angeboren und kaum veränderbar erleben. Wir führen unsere Erfolge allein auf unsere Talente oder Intelligenz zurück und nicht auf unseren Einsatz und das Training. Bekannte Sätze von Change-Widerständigen mit fixierter Haltung sind „Ich bin eben so" und „Das ist halt so" oder „Das haben wir immer schon so gemacht", „Das geht bei uns nicht". Doch bringt uns eine solche Einstellung wirklich weiter?

Dweck fand heraus, dass sich bei Kindern, die nur für ihre Intelligenz und Begabungen gelobt wurden, eher ein starres Selbstbild entwickelt, weil sie ihren Selbstwert allein aus ihren Talenten und ihrer Intelligenz beziehen. Bei neuen Herausforderungen verlieren sie schnell das Selbstvertrauen, insbesondere wenn es darum geht, mühevoll Neues zu trainieren.

Demgegenüber setzt die Wachstumshaltung auf eine Intelligenz und auf Fähigkeiten, die trainierbar und entwickelbar, also wachstumsorientiert sind. Sätze dazu sind: „Ich kann viel bewirken, wenn ich mich anstrenge“ oder auch „Wenn ich will, kann ich vieles erreichen!“. Eine passende Grundeinstellung ist: „Jeder Mensch kann sich entwickeln“ und „Der Mensch ist grundsätzlich lernbereit und entwicklungsfähig und hat den Wunsch, zu wachsen und sich zu entfalten. Er ist in der Lage, zu wählen und sich zu entscheiden, sein Potenzial zu nutzen“. Kinder, die für ihre Anstrengungen und nicht nur für ihr Talent gelobt wurden, entwickeln nach Dweck eher ein dynamisches, wachstumsorientiertes Selbstbild. Sie erkennen, dass ihre Leistung sowie ihre Anstrengung und Lernfähigkeit zum Erfolg geführt haben.

Eine flexible, wachstumsorientierte Einstellung zeigt sich in der Fähigkeit zum Perspektivwechsel und zur Selbstreflexion.[6]

Bist du bereit, Dinge wie auch zum Beispiel bestehende Regeln und Prozesse bei dir selbst und in deinem Unternehmen zu hinterfragen und eigene Überzeugungen über Bord zu werfen? Wann hast du dich das letzte Mal getraut, anders zu denken, also „out of the box“?

Stehst du Neuem offen gegenüber und begegnest du anderen Meinungen mit Respekt und Wertschätzung? Wenn die eigene Meinung gespiegelt wird, ist das leicht, doch andere Meinungen zu respektieren, das heißt nicht dieser Meinung zu sein, ist die hohe Schule eines offenen Mindsets. Glaubst du an die grundsätzliche Lernfähigkeit und Weiterentwicklung von Menschen? Wenn du Führungskraft bist, welche Haltung nimmst du gegenüber deinen Mitarbeitern ein? Denkst du, dass sie in der Lage sind, Lösungen zu finden? Oder übernimmst du das stets für deine Leute?

**Ein einfacher Tipp, wenn du Führungskraft bist:**
*Wenn deine Leute immer mit Fragen und Problemen kommen, fordere sie in Zukunft auf, bei jedem Problem eigenständig ein bis*

*zwei Lösungen mit zu entwickeln. Das hat zwei gute Auswirkungen: Deine Mitarbeiter sehen deine Haltung der Zuversicht und erkennen, dass du davon ausgehst, dass sie eigenständig Lösungen finden und entwickeln können. Und zweitens haben deine Mitarbeiter so die Chance, mehr Selbstverantwortung zu übernehmen. Und das trainiert wiederum ein offenes Mindset bei deinen Mitarbeitern.*

Unsere Haltung hat Auswirkungen, wenn es um unsere täglichen Herausforderungen und jeglichen Change wie auch alles Neue, was auf uns zukommt, geht. Wir werden uns noch weiter damit beschäftigen.

Deine Big54Change haben keinen Selbstzweck. Was meine ich damit: Disziplin als Selbstzweck bringt uns nicht weiter. Disziplin auf ein persönliches Ziel ausgerichtet, hilft dir enorm weiter. Wenn du diszipliniert das Falsche tust oder das falsche Ziel verfolgst, wirst du nie glücklich werden. Wenn du dagegen beim richtigen Ziel durchhältst, stellen sich Erfolge bald ein. Die Big54Change werden dir und deiner Situation, deinem Ziel dienlich sein und dich bei Veränderungen unterstützen.

Wenn du dich mit deinen Big54Change befassen willst, so findest du immer am Rand die Symbole dazu. Damit kannst du leicht die für dich relevanten Passagen finden, um die entsprechenden Kompetenzen zu entwickeln.

## 2. Das Change-Code-Modell

Als deine Change-Rechtsanwältin möchte ich dir ein ganz einfaches, logisches und klares Modell anbieten, um einen Überblick über verschiedene Change-Situationen zu erhalten und die Dynamiken zu verstehen. Dieses Modell beinhaltet deinen Change-Code mit seinen unterschiedlichen Zeichen und deren Kombinationsmöglichkeiten. Als Rechtsanwältin glaube ich relativ wenig an Emotionen – deswegen geht es mir in diesem einfachen Modell um Fakten und einfache mathematische Symbole. Erlaube mir diese vereinfachte Vorgehensweise, denn, Pardon, „judex non calculat" – Juristen sind nicht gut im Rechnen. Daher besteht der Change-Code auch nur aus einem einfachen Plus und Minus und die sich daraus ergebenden vier Kombinationen, die sich natürlich, je nach Situation und Reaktion beliebig fortsetzen können.

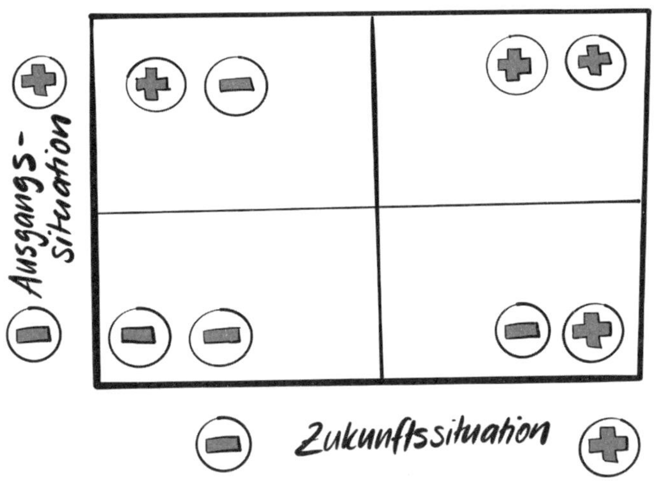


Den linken Rand, die linke Seite des Quadrats bildet die vorhandene Situation, die Ausgangssituation, die wir vorfinden oder die uns betrifft, und die jeweils negativ oder positiv sein kann. Das erkennst du am Plus oder Minus. Wir blicken quasi mit der Lupe auf eine Episode oder Situation in deinem Leben und legen hierauf den Fokus in der Betrachtung. Das können längere oder kürzere Zeitspannen sein, in denen sich unterschiedliche positive oder negative Episoden ereignen. Eine negative und mittlerweile auch längere Situation, mit der wir umgehen müssen, ist zum Beispiel die Corona-Krise und die damit verbundene Kurzarbeit oder der Jobverlust.

Unser Umgang mit diesen Ausgangssituationen kreiert eine neue Situation, unsere Zukunftssituation. Im Modell siehst du sie am unteren Rand des Quadrats eingezeichnet.

Ausgangssituation und Zukunftssituation bilden das Framing des Codes. Darum geht es, darin bewegen wir uns.

Wie gehen wir mit einer negativen Ausgangssituation um? Wir tun etwas, oder wir tun nichts. Andere tun etwas, oder sie tun nichts. Durch unser Handeln oder Unterlassen entsteht eine neue Situation, die kürzer oder länger ist, die Zukunftssituation. Auch diese kann wieder positiv oder negativ für uns sein. Wir können an der Krise, am dauernden Wandel, an der schwierigen Situation im Job, am Jobverlust dauerhaft verzweifeln und kreieren damit eine negative Zukunftssituation. Wir können allerdings auch eine positive Zukunftssituation kreieren.

Dieses Buch habe ich geschrieben, damit du eine positive Zukunftssituation erreichen kannst. Geknackt hast du den Code zu deinen Gunsten, wenn am Ende ein Plus steht. Also wenn es gut für dich ausgeht. Ziel ist es immer, egal wie viele Zeichen dein Code hat, ein Plus am Ende zu erreichen und die Minusphasen zu verkürzen.

## Die Kombinationsmöglichkeiten des Codes

Insgesamt gibt es vier Kombinationsmöglichkeiten. Schauen wir uns das Ganze genauer an:

### Minus-Minus

Wir starten im Quadrat links unten. Vereinfacht gesagt gibt es negative Situationen und Einflüsse und negative Reaktionen darauf, also Minus-Minus. Damit wird aus einer negativen Ausgangssituation eine negative Zukunftssituation. Wenn es nicht so gut läuft, kannst du das verteufeln oder darüber jammern und in der Situation verharren. Ein negativer Reiz bringt in diesem Szenario eine negative Reaktion bei dir persönlich hervor.

Eine negative Situation kann ein Job sein, der dir nicht unbedingt Spaß macht, aber anstatt dich zu verändern, reagierst du negativ, schimpfst jeden Tag über deine Chefin oder den Kunden und verharrst dennoch changeunwillig auf deinem Arbeitsplatz.

Eine negative Situation kann auch durch den Einfluss eines ungewollten Wandels von außen entstehen, auf den du negativ reagierst und damit eine negative Zukunftssituation kreierst.

### Minus-Plus

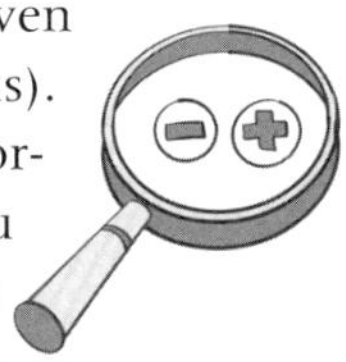

Du kannst in einer schwierigen für dich negativen Situation (Minus) auch positiv reagieren (Plus). Du kannst das Blatt wenden und die Herausforderungen, den Change erfolgreich meistern. Du kannst dich pro-aktiv aus einer negativen Episode zu deinem Besten verändern oder auf Veränderungen von außen positiv reagieren. Wie das geht, zeige ich dir. Du kannst etwas Gutes aus einer negativen Situation machen und Einfluss nehmen, sodass am Ende ein Plus steht. Dann wird es leichter für dich, das Negative verliert seine Schwere. Ein Minus-Plus entsteht.

### Plus-Minus

Auch ein Plus kann ins Minus kippen, wir sind nicht davor gefeit. Es kann auch sein, dass du ob des vielen Erfolgs arrogant wirst und damit ein Minus erzeugst. Oder es läuft so weit gut und du willst alles so beibehalten, wie es ist. Du lässt dann keine weitere Entwicklung, keine Innovationen, keine Neuerungen zu, hierfür siehst du keinen Anlass. Dann kippt das Ganze irgendwann. Das Resultat ist eine negative Zukunftssituation.

Es könnte auch sein, dass du zu denjenigen gehörst, die immer alles schlecht finden, obwohl es eigentlich ganz gut ist. Die Pessimisten jammern auch noch beim Champagnertrinken. Auch solche Szenarien fallen unter Plus-Minus.

### Plus-Plus

Dann gibt es noch die Kür: Auf weitgehend positive Situationen folgen positive Reize, und du strebst weitere positive Reaktionen und Entwicklungen an. Dir geht es gut, du bist erfolgreich, und dennoch willst du dich weiterentwickeln. Es gibt hier keinen negativen Reiz von außen. Es gibt keine Veranlassung, dich zu verändern. Dennoch strebst du pro-aktiv eine Weiterentwicklung, eine Veränderung an. Du kannst es dir schon denken: Das ist der höchste Reifegrad, das Plus-Plus.

Das erste Plus- oder Minus-Zeichen zeigt das, was wir antreffen. Das zweite Zeichen ist das, was du daraus machst, also die Folge deiner Reaktion oder Nicht-Reaktion.

Im Folgenden beschreibe ich anhand von vielen Beispielen von positiven und negativen Situationen, wie du deinen persönlichen Change-Code knacken kannst. Möglich ist, dass du eine Situation, die ich als negativ tituliere, gar nicht so schlimm findest, ihr sogar etwas Gutes abgewinnen kannst. Das ist völlig in Ordnung und gut so, wir Menschen sind nun mal Individuen und empfinden und beurteilen jeder auf seine Art und Weise.

## Alles eine Frage der Perspektive

Bevor wir uns mit dem Change-Code und dem Modell und seinen Zeichen tiefgreifender befassen, möchte ich noch eine Sache mit dir besprechen. Du, liebe Leserin, lieber Leser, sollst am Ende entscheiden, ob Change gut ist oder nicht bzw. wo Change für dich gut ist und wo nicht. Entscheiden kannst du nur richtig, wenn du die richtigen Entscheidungsgrundlagen hast, und das sind alle notwendigen Informationen, Beweise und Hergänge. Da alle Menschen unterschiedlich sind, reagieren sie auch in verschiedener Intensität und auf andere Art und Weise. Wie intensiv eine Veränderung für dich ist, hängt von vielen Faktoren ab. Das zeigt dir die folgende Geschichte, die in verschiedenen Ausführungen im Internet zu finden ist:

> *Eines Tages nahm ein Mann seinen Sohn mit aufs Land, um ihm zu zeigen, wie arme Leute leben. Vater und Sohn verbrachten einen Tag und eine Nacht auf einer Farm einer sehr armen Familie. Als sie wieder zurückkehrten, fragte der Vater seinen Sohn: „Wie war dieser Ausflug?" „Sehr interessant!", antwortete der Sohn. „Und hast du gesehen, wie arm Menschen sein können?" „Oh ja, Vater, das habe ich gesehen." „Was hast du also gelernt?", wollte der Vater wissen. Und der Sohn sagte: „Ich habe gesehen, dass wir einen Hund haben, und die Leute auf der Farm haben vier. Wir haben einen Swimmingpool, der bis zur Mitte unseres Gartens reicht, und sie haben einen See, der gar nicht mehr aufhört. Wir haben prächtige Lampen in unserem Garten, und sie haben die Sterne. Unsere Terrasse reicht bis zum Vorgarten, und sie haben den ganzen Horizont." Der Vater war sprachlos. Und der Sohn fügte noch hinzu: „Danke, Vater, dass du mir gezeigt hast, wie arm wir sind."*

Ob und wie sehr uns Veränderungen treffen und bewegen, was sie mit uns machen, ist alles eine Frage unserer Wahrnehmung und der Perspektive, aus der wir darauf schauen.

> *Einer meiner Klienten aus dem Business-Coaching, ein Top-Manager, arbeitete bei einem Unternehmen in Dubai. Es war November, als er zu mir ins Coaching nach München kam. Wir hatten das klassische Novemberwetter, das viele Menschen in den Urlaub in die Sonne zieht: Nieselregen, Schauer und Platzregen im Wechsel. „So ein Mistwetter", hörte ich die Leute in der U-Bahn schimpfen. „Wenn doch nur mal wieder*

*ein paar Sonnenstrahlen durchkämen." Mein Klient kam bestgelaunt ins Coaching und sagte: „Frau Nickel endlich, endlich mal wieder Regen. Ich habe ihn so vermisst. Ich kann die Sonne einfach nicht mehr sehen."*

Eine sehr wichtige Technik im Coaching heißt Reframing. Das bedeutet, den Dingen, Herausforderungen, Schwierigkeiten und Problemen einen anderen Rahmen zu geben. Du kannst aus einer Mücke einen Elefanten machen oder umgekehrt. Du kannst dich darin üben, das Gute im Schlechten zu sehen. Du kannst jemanden als langsam betrachten oder als bedacht und sehr gründlich und präzise. Jemand mag als ungeduldig gelten oder man kann auch sagen, die Person will wirklich etwas bewegen und ist ein aktiver Mensch. Die ganze Geschichte von Vater und Sohn von oben ist ein wunderbares Reframing des Sohnes.

Im Leben gibt es Dinge, die sind negativ oder sehr herausfordernd, und später stellen sie sich als etwas absolut Positives dar. Im Nachhinein fällt es uns oft leichter, das Gute im Schlechten zu sehen. Doch es lohnt sich den Perspektivwechsel zu trainieren. Damit zahlst du auch auf deinen Big54Change Nr. 4 ein, die Flexibilität.

### Jeder hat recht mit seinem Denken und Fühlen

Es gibt Menschen, auf die prasselt der Wandel ein und sie packen es gut, andere hingegen scheinen daran zu zerbrechen. Jemand fällt durchs Examen und wiederholt es unversehrt, und einem anderen geht das bis ans Lebensende als persönliches Scheitern nach.

Das ist genau die Frage des persönlichen Blickwinkels, deiner persönlichen Perspektive, Wahrnehmung und Erfahrung. Wenn du deine Big54Change im Rucksack eingepackt hast und gut gerüstet bist, dann kommt es darauf an, von wo aus du startest. Stehst du unten im Tal und blickst ehrfurchtsvoll auf den Gipfel? Oder hasst du Täler, weil du in einem ziemlich dunklen Tal mit wenig Sonne aufgewachsen bist? Bist du schon eine Weile bergauf und bergab gegangen und im Flow oder keuchst du, weil es dauerhaft bergauf geht und dir die Luft ausbleibt? Welche Erfahrungen hast du auf deinen bisherigen Reisen in deinem Leben gemacht? Freust du dich, wenn du den Rucksack packst und es auf in neue Lande geht, oder macht dich das Packen alleine schon unsicher – was muss mit, was kann daheimbleiben und wo geht es überhaupt hin? Vielleicht ist dir Reisen eher suspekt und zu ungewiss. Von wo und wie du startest, hat eine große Auswirkung auf das Ziel und den Weg dahin und wie du den Wandel gestaltest.

Kennst du die Geschichte von den fünf blinden Männern und dem Elefanten?

> *Fünf blinde Männer untersuchen einen Elefanten, um das Tier zu begreifen. Jeder der Blinden steht an einem anderen Körperteil des Elefanten: Einer betastet den Rüssel, der andere einen Stoßzahn, der nächste ein Ohr, ein anderer ein Bein, einer den Bauch und der fünfte den Schwanz. Dann werden Schlussfolgerungen der Untersuchungen gezogen: Derjenige, der den Rüssel betastet hat, erklärt: „Ganz klar: Beim Elefanten handelt es sich um eine Schlange." Derjenige, der den Stoßzahn untersucht hat, erwidert: „Nein, ein Elefant ist wie ein Speer." Die anderen sind vollkommen anderer Meinung, ein Elefant sei vielmehr wie ein Luftfächer, behauptet der Blinde am Ohr. Der nächste, der die Beine betastet hat, sagt, nein, ein Elefant sei wie ein Baumstamm. Der Blinde am Bauch erwidert: „Ganz und gar nicht, es handelt sich bei diesem Tier eindeutig um eine Mauer", und der letzte am Schwanz hat ein Seil ertastet.*

Je nachdem, wo sie gerade gestanden haben, haben die fünf andere Schlüsse über das Aussehen des Elefanten gezogen. Jeder der Blinden beruft sich bei seiner Analyse und Beschreibung des Elefanten auf seine eigene, persönliche Erfahrung und Wahrnehmung. Ganz schnell bricht eine angeregte Diskussion darüber aus, wer denn nun wirklich recht hat und wie das Tier in Wirklichkeit aussieht, die, schwupps, im Streit endet.

Was sagt uns diese Geschichte? Wir denken, dass das, was wir wahrnehmen, die Wirklichkeit ist. Ja, es ist die Wirklichkeit, doch unsere ganz persönliche. Wir glauben, was wir wahrnehmen. Das Problem ist jedoch: Je mehr du glaubst, desto weniger hinterfragst du! Das nennt man auch „Selection Bias". Jeder nimmt Dinge aus seiner Perspektive wahr und glaubt, das sei die (einzige) Wahrheit. Die Geschichte zeigt auch einen ganz interessanten Aspekt zwischenmenschlicher Reaktionen. Meistens geht es doch bei unseren Streitigkeiten, egal ob in der Beziehung, im Job oder mit Kunden, darum, wer recht hat. Das Ergebnis liegt nahe: Jeder hat recht, und zwar aus seiner eigenen Perspektive und mit seinem eigenen Fühlen und Denken.

Die folgende Abbildung macht das deutlich:

Wer hat recht? Was siehst du, was nimmst du wahr? Eine 6, ja richtig. Doch es kann auch eine 9 sein. Das kommt auf deine Perspektive an.

## Richtig ist, was deine Wahrnehmung filtert

Im Konstruktivismus erfahren wir, dass es keine allgemein gültige Wahrheit gibt. Jeder konstruiert seine Wahrheit aus seiner Perspektive und Erfahrung. Als ich schwanger war, habe ich nur Schwangere um mich herum gesehen. So viele schwangere Frauen gab es nie wieder in meinem Leben. Wenn du ein neues Auto einer bestimmten Marke kaufst, fahren plötzlich nur noch solche Wägen herum. Kennst du das? Das nenne ich „gefilterte Wahrnehmung".

> *Frank, ein Teilnehmer im Führungskräfteprogramm, erzählte mir, dass er oft bei seinen Kollegen aneckt, und er wollte diesem Verhalten im Rahmen seiner Kommunikations- und Soft Skills auf den Grund gehen. Er fand heraus, dass er bei den anderen immer davon ausging, dass alle ticken wie er selbst. Und seine etwas eingeengte Perspektive und Annahme war, dass alle anderen ähnliche Bedürfnisse und Interessen haben, was oft zu Konflikten führte. In der Reflexion lernte er, eine andere Perspektive zuzulassen und „in den Schuhen der anderen zu gehen". Das ist dann, wenn jemand anders tickt, als man selbst, gerade nicht so einfach. Für Frank brachte das einen enormen Entwicklungsschub. Er „übte" es zuhause mit seiner Freundin und es gelang ihm, auch seine Beziehung zu verbessern. Seine Partnerin tickte nämlich, was keine Seltenheit ist, komplett anders als er selbst und hatte daher natürlich auch andere Bedürfnisse. Hier eine gewisse Flexibilität zu erreichen und die Möglichkeit zu haben, die Perspektive zu wechseln, ist sehr hilfreich für jegliche Beziehungen.*

Wir sind großartige Meister im Abwehren von allem, was nicht zu unserer Wahrheit und in unser Weltbild passt. Wenn wir Change nicht wollen, sind wir dagegen. Wenn wir gute Erfahrungen mit Veränderungen gemacht haben, sind wir vielleicht offener. Wenn wir sehr gute Erfahrungen mit Veränderungen gemacht haben, können wir es unter Umständen kaum erwarten, bis sich wieder etwas verändert. Im Coaching habe ich sehr viele unterschiedliche Klienten. Was für den einen an Wandel gut machbar ist, bringt jemand anderen an seine absolute Grenze. Im Prinzip kommt es auf deine Bewertung der Ereignisse, deiner Situation an. Deine inneren Bewertungsprozesse entscheiden darüber, ob eine äußere Situation, ein äußeres Ereignis zu einer negativen Reaktion und Stress bei dir führt.

Der amerikanische Psychologe Richard Lazarus[7] hat drei Kategorien gebildet, wie Ereignisse sich auswirken. Es kann sein, dass das Ereignis a) für dich nicht relevant ist oder es ist b) relevant, aber positiv für dich, oder es ist c) relevant und bedrohlich. Unsere Bewertungen der Ereignisse erfolgen auf der Grundlage von unseren Lebenserfahrungen und abhängig von unserem Temperament, wobei auch die persönliche Befindlichkeit eine Rolle spielen kann.[8] In sehr angespannten Zeiten erleben wir Dinge bedrohlicher, als wenn wir in unserer Stärke und relativ entspannt sind. Deswegen macht es absolut Sinn, die persönliche Verfassung zu stärken, wenn es um Veränderungen geht. Darauf gehe ich später noch ein.

### Wichtig ist, was du draus machst

Es gibt sicherlich auch einige Vorkommnisse, die viele Menschen als schlimm empfinden würden. Nehmen wir den Jobverlust oder die überraschende Trennung vom Partner oder eine schwere Krankheit. Bei aller empfundenen inneren Verletzung und Schwierigkeiten mit solchen Lebenssituationen gibt es dennoch unterschiedliche Reaktionen, ob und wie man damit umgeht und wieder aus dem Leid und dem Jammertal herauskommt.

> *Eine Bekannte von mir hatte einen Tumor im Kopf, der sich glücklicherweise nicht als maligne entpuppte, und sah dies als Weckruf für sich selbst. „Wenn nicht jetzt, wann dann mache ich mein Ding", sagte sie sich und gründete mit über 50 ihr eigenes Business. Der Ehemann*

*einer Freundin hatte eine ebensolche Diagnose und war verzweifelt, und auch nach dem guten Ausgang blieb seine Stimmung weiterhin mäßig bis gedrückt. Es plagte ihn ständig die große Angst, es könnte wieder schlimmer werden. Seine Lebensfreude war weg und blieb weg.*

Wie du mit den folgenden Beispielen umgehst, aus welcher Perspektive und mit welcher Bewertung du deine Herausforderungen und Veränderungen wahrnimmst, obliegt dir allein. Mir war nur wichtig, dir aufzuzeigen, dass wir nicht alles über einen Kamm scheren können. Ich zeige dir viele Beispiele, in denen du dich hoffentlich wiederfindest und dann deine eigenen Entscheidungen treffen kannst.

De facto kommen viele Menschen zu mir ins Coaching, weil sie eine negative Ausgangs- und Zukunftssituation haben und sich in einer Minus-Minus-Phase befinden. Es kann sein, dass es vor diesem Minus auch einmal ein Plus gegeben hat. Manchmal ist das schon lange her oder das Minus auf Minus so gravierend, dass nur noch das Minus in Folge für uns relevant ist. Daher starten wir im nächsten Kapitel mit den Minus-Minus-Phasen.

# 3. Minus-Minus

*„Wir verhalten uns manchmal merkwürdig, weil wir alle Angst gelernt haben."*

Die erste Kombination im Change-Code ist Minus-Minus. Auf ein Minus in der Ausgangssituation folgt ein weiteres Minus in der Zukunftssituation. Eine negative Ausgangssituation ist hier schon vorhanden und kann eine kürzere oder längere Zeitspanne beinhalten. Aus solchen negativen Situationen oder Episoden können negative Zukunftssituationen bei dir entstehen, meist durch negative Einflüsse und Reize. Damit folgt aus dem Minus ein weiteres Minus. Ein Minus lässt sich auch ganz einfach definieren: Es ist alles, was kein Plus ist. Wenn du in etwas feststeckst und nicht so richtig rauskommst und du es nicht als positiv bewertest, ist das ein Minus, ganz eindeutig.

## No Change und too much Change

Eine Minus-Minus-Konstellation ist eine negative Episode oder eine negative Ausgangssituation, die längere Zeit auf dich einwirkt, sei es, weil zu viel Change von außen auf dich einprasselt oder weil du dich nicht zum persönlichen Change aufraffen kannst, obwohl dein Job mehr Frust als Lust schafft. Auf diese folgt ein Minus in deiner Reaktion, du willst die Situation nicht ändern, weil es dir mittlerweile einfach zu viel ist oder weil du denkst, du kannst es nicht, oder aus anderen für dich guten Gründen. Das Minus bringt eine Folge von Minussen, und Change wird verleugnet. Du bist nicht pro-aktiv und schaffst es nicht, einen für dich günstigen Wandel von innen heraus zu initiieren. Besser am Unliebsamen festhalten, auch wenn es nicht gut für dich ist, jedoch dafür gewohnt, als ins Ungewisse aufbrechen. Du willst keinen Change und tust alles, um den Status quo aufrechtzuerhalten. Dabei bist du allerdings leider nicht glücklich, das Leben fühlt sich schwer an.

### No Change, obwohl der Job keinen Spaß mehr macht

In so einer Situation bist du nicht allein. Kennst du die wahre Frisörkompetenz? Frisörinnen sind Wissensträger eines hohen Gutes, der deutschen Lebenszufriedenheit. Sie wissen, wie glücklich ihre Kunden in und mit ihrem Leben sind. Frisöre erfahren am meisten von ihren Kunden. Sie kommen direkt nach Psychotherapeuten. Laut einschlägigem Frisörwissen sind über 70 % der Menschen unzufrieden mit ihrem Job und ihrem Leben. Nicht viel anderes sagt der Gallup Engagement Index[9]. Über Jahre hinweg haben dort immer knapp 80 % der Mitarbeiter in deutschen Firmen entweder nur eine geringe soziale Bindung an das Unternehmen, machen Dienst nach Vorschrift und/ oder haben innerlich gekündigt.

Bei Minus-Minus passiert genau das: Wir befinden uns in einer fortlaufenden negativen Spirale. Minus im Job, viele schlechte Einwirkungen und Erlebnisse, es läuft nicht so gut und das fortlaufende Minus wirkt sich auf unsere Stimmung aus, damit haben wir auch hier ein Minus. Doch verändern wollen – oder etwa können – wir nichts. Warum?

Auch ich hatte eine ausgiebige Minus-Minus-Zeit.

> *Nach bestandenem Jura-Examen fand ich, als junge Mutter mit Kind, nicht sofort einen Job. Ich wusste auch nicht genau, was ich wollte, was das Ganze sicherlich nicht vereinfacht hat. Was folgte? Sozialhilfe, so hieß das heutige Hartz IV damals noch. Es waren nur ein paar Monate, doch das gefiel mir gar nicht. Ich weiß, wie man sich fühlt, wenn so gar nichts klappt: Auf meine Bewerbungen hagelte es Absagen. Ein Jobangebot kam dann doch, und ich griff sofort zu und hatte meinen ersten Juristen-Job in Deutschlands größtem Automobilclub. Und der brachte mich auch in das größte und längste Minus meines Lebens, dort folgte ein Minus dem nächsten. Der Job war zwar eine sichere Nummer, doch glücklich war ich nicht wirklich. Mein Sohn war noch klein und ich glaubte meine sichere Juristentätigkeit aufrechterhalten zu müssen, egal ob happy oder nicht. Arbeiten ist ja nicht zum Spaßhaben da, oder? Das Leben ist doch kein Ponyhof! Einen so zuverlässigen Job gibt man doch nicht auf! Kommen dir diese Sätze auch bekannt vor?*
>
> *Ich wurde immer unglücklicher, ohne es wirklich zu merken. Meine Leidenschaft galt und gilt, wie du bereits weißt, auch nicht der Rechtswissenschaft,*

*und schon gar nicht dem deutschen Autorecht. Ich wollte es dennoch gut machen und weiterkommen, frau ist ja schließlich ehrgeizig. Ich strengte mich an. Die juristische Rechtsberatung machte mir kaum Freude. Immer wieder wandten sich die Automobilclub-Mitglieder am Telefon an mich mit Fragen über Fragen. Die menschlichen Themen interessierten mich schon, die rechtlichen Verflechtungen des deutschen Verkehrsrechts eher weniger. In netten Momenten bekam ich Briefe mit Fotos von wieder strahlenden Wohnmobil-Besitzern, posierend neben ihrem ganzen Stolz.*

*Ich schaffte immerhin den Change in den Verbraucherschutz. Doch da ging dann das Dilemma so richtig los. Ich wurde ausgegrenzt und sogar gemobbt. Das gesamte Team einschließlich meines Chefs traf sich oft, doch immer hinter meinem Rücken, ich wurde nie eingeladen, war nie mit von der Partie. Und das tat weh. Am Sonntagabend hatte ich schon Magengrummeln und gar keine Lust auf die neue Woche. Der Freitag war so weit weg. Ich war angespannt, und natürlich passierten dann auch Fehler. Eines gab das andere, wie es so ist in solchen Situationen. Wenn es im Job nicht gut läuft, sollte das Private stimmen. Doch genau in dieser Zeit konnte ich auch nicht auf eine stabile Partnerschaft zurückgreifen. Ich war alleinerziehend und tat, was ich glaubte tun zu müssen: meinen Job. Minus auf Minus folgte. Die Stimmung war mäßig.*

*Allein die TV-Auftritte, die ich laut des Feedbacks der Fernsehredakteure mit Bravour meisterte, machten mir Spaß. Ich war die Einzige, die jemals Autogrammkartenanfragen erhielt. Dies stieß auf weitere Missgunst bei meinem Chef, einem sehr guten Juristen mit leider wenig TV-Charisma. Ich wurde weiter gemobbt und war das schwarze Schaf im Team. Meine Stärke in der Medienpräsenz wurde nicht gefördert, ich dümpelte vor mich hin. Mir ging es wirklich schlecht in dieser Zeit. Ich strengte mich mehr an, doch alle Anstrengung half nichts. Ich passte einfach nicht dahin, hatte es aber nicht so ganz bemerkt und dachte, dass ich mich nur noch mehr anstrengen müsse. Es war ein Teufelskreis.*

*Aufgrund von guten Kontakten konnte ich in die Öffentlichkeitsarbeit wechseln, der nächste Change, und ich erhoffte mir, dort mehr nach meinen Stärken eingesetzt zu werden. Zwischen Verbraucherschutz und Öffentlichkeitsarbeit hatte ich eine kurze Auszeit und reiste nach Indien, um auf andere Gedanken zu kommen. Ich war sogar drei Monate in einem Aschram und dachte, jetzt könne mir nichts mehr passieren. Weit gefehlt.*

*Meine juristischen Kollegen hatten einen Newsletter über mich hinter meinem Rücken verfasst mit dem Titel: „Die Herzogin geht nach Indien". Das war mein Spitzname, wie ich von einem netten Kollegen erfahren hatte (ja, nette Kollegen gab es auch), seit ich auf einer Promi-Hochzeit mit Hut in der Bild-Zeitung abgebildet war.*

*Und es kam noch schlimmer. Einer Juristin, die über Kontakte in die Abteilung „Öffentlichkeitsarbeit" kam, stand man dort von Anfang an misstrauisch gegenüber und ließ mich das spüren. Die dortige Sprecherin fühlte sich durch mich wohl auch in ihrer Position bedroht und intrigierte gegen mich. In der Öffentlichkeitsarbeit durfte ich dann schließlich das, wofür ich gekommen war, gar nicht mehr tun: TV-Auftritte waren passé, obwohl genau das meine Stärke war. Ab und an durfte ich einen Pressetext zur Probe verfassen. Dann sagte man mir sogar, ich könne nicht schreiben, und ich habe ja auch nicht Journalismus studiert. Es sei schlichtweg schwer mit mir. (By the way: Du liest gerade mein siebtes Buch.)*

*Dennoch: Ich klebte dort fest. Ich war im Strudel von Minus-Minus und konnte es nicht wenden. Ich fühlte mich als Opfer. Die bösen anderen mobbten mich und waren gegen mich, das war meine Perspektive und meine Erfahrung. Ich ließ es mir gefallen, obwohl ich normalerweise eine ziemlich große Klappe habe. Mein Selbstbewusstsein war total geschrumpft und wurde immer kleiner. Ich war quasi im Dauerminus und kam nicht heraus aus dem Minus-Strudel. Ich war in der Opferrolle und wie es da so ist, spitzt sich alles immer weiter zu. Irgendwann wurde ich vom Chefredakteur und Ressortleiter ins Büro zitiert und er sagte zu mir: „Ich kann da nichts machen, die mögen Sie nicht." Er zeigte mir ein Zwischenzeugnis, in dem ich als Schreibanfängerin abgetan und für untauglich für diese Abteilung befunden wurde. Er schickte mich für den Tag nach Hause. Ich heulte und ging. Monatelang kämpfte ich mit mir, doch mir fehlte der Mut zu gehen. Eine pflichtbewusste Stimme in mir sagte mir jeden Morgen, ich müsse da wieder hin. Doch es war die Hölle. Und obwohl ich normalerweise ein positiver Mensch bin und nicht zu Depressionen neige, schlug mir das aufs Gemüt. Ich wurde krank.*

Warum habe ich das ausgehalten?, frage ich mich heute oft. Warum bin ich nicht früher gegangen? Warum bleiben Menschen in einer für sie schlechten Situation von Minus-Minus-Minus, wenn kein Plus in Sicht ist? Was hat mich in der Zeit über Wasser gehalten?

Blicken wir auf die Big54Change.Leidenschaft im Job war kaum da, ein wenig bei den TV-Auftritten, die mir dann ganz versagt wurden. Ich tanzte als Hobby weiter, und dort konnte ich Begeisterung und Erleichterung in der für mich schwierigen Situation erleben.

Das brachte mir auch einen gewissen körperlichen Ausgleich. Mein Sohn und meine Freunde brachten Spaß und Begeisterung in mein Leben, zumindest in meinem Privatleben. Ich ging in dieser Zeit viel spazieren und tankte in der Natur auf. Mein Kraftort war die Isar in Haidhausen, dort sprudelte das Wasser kraftvoll und terrassenförmig ab. Dort saß ich oft, nahm eine gerade Haltung ein, und dann ging es mir besser. Meine Disziplin half mir morgens aufzustehen und in den ungeliebten Job zu gehen. Weitermachen, egal was kommt, so funktionierte ich. Mich anstrengen, um es besser zu machen.

Aber Vorsicht: Disziplin beim falschen Ziel kann schädlich sein.

Loslassen fiel mir extrem schwer. Daran hakte es, ich hielt an dem Job fest. Meine Hände waren nicht frei, mein Kopf auch nicht.

Mir ist ganz wichtig, dir zu zeigen, dass es für mich schwierig war. Ich fühlte mich einfach falsch an. Ich fühlte mich wie eine Sonnenblume mit leicht hängenden Blättern im Rosenbeet und die Stacheln der Rosen stachen erbarmungslos zu. So sind halt Rosen in ihrem Terrain. Hier sind wir wieder beim Thema Perspektive: Viele Mitarbeitende waren total zufrieden und happy mit ihrem Job dort beim Automobilclub und sind es vielleicht heute noch. Zu Beginn war auch ich noch motiviert und merkte über eine sehr lange Zeit nicht, dass ich von meinem Wesen, meinen Talenten und Stärken nicht wirklich hineinpasste. Auch der Cultural Fit stimmte nicht, ich war ein viel zu dynamischer, kreativer Mensch für das Unternehmen und die eher juristischen Bedarfe meines Jobs gewesen. Meine Karriereleiter stand schlichtweg an der falschen Wand. Da half es auch nicht, mich mehr und noch mehr anzustrengen. Im Gegenteil, das war sogar schädlich, weil ich immer mehr das Gefühl für mich selbst verlor. Disziplin wurde zum Zwang.

Die Wand hätte ich nicht verschieben können, doch die Leiter schon. Aber aus meiner Minus-Stimmung heraus schien das über Jahre hinweg schwer bis unmöglich.

Der Leiter-Check: Steht deine Karriere- oder Erfolgsleiter an der richtigen Wand?

1. Die Montagsfrage: Stehst du montagmorgens auf und gehst überwiegend gerne in die Arbeit?

2. Die Kollegenfrage: Bist du weitgehend zufrieden mit deinen Kollegen und fühlst dich dort gut aufgehoben?

3. Die Cheffrage: Bist du zufrieden, wie dein Chef dich führt? Ja, du liest richtig, denn mittlerweile verstehen wir Führung auch als Dienstleistung.

4. Die Kundenfrage: Bist du auch mit deinen Kunden, das können interne und externe sein, je nachdem, welche Position du hast, im Guten?

5. Die Kulturfrage: Passen deine Werte zu den Werten des Unternehmens, und zwar zu den wirklich gelebten (Papier ist geduldig)?

6. Die Herzensfrage: Macht dir das, was du tust, überwiegend Freude?

Wenn du nicht mindestens fünf Fragen positiv, also mit einem klaren „ja", beantwortest, dann kann es gut sein, dass deine Karriereleiter an der falschen Wand steht. Es ist möglich, dass du über eine Veränderung nachdenken solltest. Wenn du Teamleiterin bist und denkst: „Oje, wenn meine Leute den Leiter-Check machen, dann verlassen mich ein paar" – lass sie ziehen, damit die kommen, die besser passen und begeistert sind. Für jeden gibt es einen guten Platz. Wenn du CEO bist, gilt für dich das Gleiche. Öffne den Raum für Mitarbeitende, die wirklich zu dir und deinem Unternehmen passen.

### No Change am Ort, wo Träume sterben

Manchmal kommen zu mir Menschen ins Coaching, die sich in einem sehr sicheren Arbeitsverhältnis befinden, quasi unkündbar sind, und dennoch leiden und absolut unglücklich sind. Sogar in unserer heutigen Arbeitswelt gibt es sie noch, die Jobs, die sicher sind und bleiben, bis hin zur Rente. Das macht die Sache nicht einfacher, denn die Leute in diesen Jobs wollen keine Veränderungen. Ausgangssituation und Zukunftssituation zeigen ein Minus.

*Nehmen wir Martin, den verbeamteten Lehrer. Sein Vater war Studiendirektor, zu Hause hatte man seine Berufswahl gefeiert und die Verbeamtung zelebriert. Martin ist 54 Jahre alt und hat seit gut zehn Jahren keinen Spaß mehr an seinem Beruf. Die Rente noch weit, doch er findet seine Schüler schon jetzt extrem anstrengend. Er wollte mal die Welt verbessern, doch von dem Elan ist nicht viel übrig geblieben. Er beginnt die Woche am Montagmorgen mit Schwindel und Bauchweh und schleppt sich Tag für Tag, Woche für Woche an seinen Arbeitsplatz. Corona brachte einige Veränderungen, den Online-Unterricht mochte er gar nicht, noch weniger den Wechsel zwischen online und offline. Die Digitalisierung schlug um sich und Martin fühlte sich abgehängt. „Ja, die Kinder heute sind viel anstrengender als früher", denkt er ganz oft. Die Technik nervt ihn einfach nur, nichts funktioniert, und er kennt sich auch zu wenig aus. Er rettet sich von Ferien zu Ferien. Immerhin hat er davon ja viele als Lehrer. Dennoch ist er völlig unzufrieden. Er ist in der Minus-Stimmung und da er meistens schlecht drauf ist, folgt auf ein Minus das nächste. Die kurzfristige Entspannung in den Sommerferien kann er kaum genießen, da ihm schon wieder das neue Schuljahr droht, mit neuen schwierigen Schülern. Er ertappt sich immer wieder dabei, wie er denkt: „Ich würd so gern alles hinschmeißen, aber ich kann diesen sicheren und gut bezahlten Job nicht aufgeben." Es gibt viele Beamte, die Martins Schicksal teilen. Sie sehen sich sogar als Opfer, denn etwas verändern können sie nicht, sie fühlen sich an ihren Job gebunden. Sicherlich gibt es auch Beamtinnen, die total glücklich sind in ihrem Job. Es geht wieder um die Frage der Perspektive, Erfahrungen und Stärken.*

Ist dein Arbeitsplatz auch ein Ort, an dem die Träume sterben? Das ist keineswegs die Ausnahme; wie wir aus dem Gallup Engagement Index wissen, sind knapp 80 % der arbeitenden Bevölkerung unzufrieden und unglücklich in ihrem Job.

*Auch Shirin kam zu mir und war unzufrieden im Job. Sie arbeitete seit Jahren im gleichen Konzern, ohne viel Bewegung im Job, ohne viel Vergnügen, doch mit hoher Planbarkeit. Es lief nicht so schlecht, aber eben auch nicht gut. Das ist tricky, in so einer Situation gibt es keinen so richtigen Grund, etwas zu verändern. Sie dachte, Arbeit sei halt so trist. Von ihren Eltern hatte die 35-Jährige immer gehört: „Arbeit ist zum Geldverdienen da. Punkt. Arbeit muss anstrengend sein. Punkt. Das Leben ist kein Ponyhof. Gearbeitet wird im Schweiße deines Angesichts." Sie konnte sich gar nicht vorstellen, dass Arbeit auch wirklich Freude bereiten kann. Sie war in Teilzeit tätig und stellte ihre Bedürfnisse stets hinten an. Erst die Kinder, dann der Job und dann, ganz am Ende, vielleicht sie. So weit war sie nur noch nie gekommen, da immer etwas anderes anlag. Sie glaubte nicht daran, dass sie eine Wahl hatte, trieb sich, da sie fleißig und pflichtbewusst war, immer weiter in die Nähe eines Burn-outs. Auch das merkte sie nicht so recht, da sie auch das Gefühl für sich selbst mit der Zeit verloren hatte. Und schließlich musste sie ja Geld verdienen, um die kleine Familie zu ernähren. Auch ihre Eltern waren immer pflichtbewusst gewesen. Selbstverwirklichung war ein Fremdwort in der Familie. Doch dann kam mal wieder eine Fusion und der Konzern wurde umgekrempelt. Shirin hatte Angst, dass es nun auch sie treffen würde. Sie hatte zwar zwei Kinder, war jedoch die Jüngste im Team. Personalabbau stand zur Debatte. Shirin strengte sich noch mehr an und blieb länger im Büro, aus Angst, dass sie ihren Job verlieren würde. Das Minus nahm seinen Lauf.*

*Bodo, 45 Jahre, hat schon vor vielen Jahren seine Schreinerei gegründet. Sein Motto dabei war: „Klein, aber fein." Er hat nur wenige Mitarbeiter, da er eher zögerlich im Ausbau des Geschäfts ist. Sein Business ist jedoch kaum rentabel, zu wenig Aufträge, dennoch viele Überstunden, unzufriedene Kunden und Mitarbeitende. Die Stimmung im Betrieb, na ja, geht so. Irgendwie passt es noch für ihn, doch richtig glücklich ist er nicht mit seinem Unternehmen. Die Minus-Stimmung verfolgt ihn. Er tut sich schwer damit, Entscheidungen zu treffen. Gerade beutelt ihn die Frage, ob er neue Maschinen kaufen soll oder nicht. Was, wenn die Insolvenz naht? Bodo hat schlichtweg Angst, und seit Jahren wird er von seiner Angst gesteuert. Minus um Minus folgt.*

Auch in vielen anderen gesetzten mittelständischen Unternehmen macht sich Angst breit. Insbesondere in Firmen, die an der „alten Welt" festhalten wollen. Ich bemerke, es läuft dort „gerade mal so okay". Der Chef hat Angst davor, nicht mehr wichtig zu sein, wenn die Teams sich vermehrt selbst steuern und das Homeoffice, das als erzwungenes Übel angesehen wird, überhandnimmt. Überhaupt werden neue agile Methoden abgelehnt – diesen Change will man nicht mitmachen. Die Umsätze bleiben bestenfalls gleich, es gibt kaum Wachstumspotenzial. Mitarbeiter trauen sich nicht, neue Ideen einzubringen, überall wird Dienst nach Vorschrift gemacht. Minus folgt auf Minus. Commitment sieht anders aus. Willkommen im Land der Demotivation und inneren Kündigung. Angst regiert solche Unternchmen. Angst vor Machtverlust in den Chefetagen. Innovative, agile Unternehmen sehen anders aus. Leider wird zu gerne an alten Systemen festgehalten. Altes ist stärker als Neues.

Auch in anderen Branchen sieht es nicht besser aus. Auch hier reihen sich leicht Minusse an Minusse.

> *Da ist Kai, 38 Jahre, er ist ein eher introvertierter, ängstlicher Mensch. Wandel mag er gar nicht. Da er sich oft zurückhält, was seinem Wesen eher entspricht, wird er auch häufig übersehen. Pro-aktiv etwas zu tun, kommt für ihn nicht infrage. Dann soll er eine Präsentation vor einem ausgewählten Kreis an Führungskräften und Mitarbeitern halten. Am liebsten möchte er den Kopf in den Sand stecken und unsichtbar sein und keine Präsentation halten. Angst macht sich breit, und aus der Angst wird Stress. Kai wird immer unruhiger. Er kann kaum noch schlafen, sein Herz schlägt schneller und es geht ihm nicht gut. Da er keine Möglichkeit sieht, etwas zu wählen oder etwas zu ändern bzw. die Angst zu überwinden, wird er immer angespannter, und Angst und Stress beherrschen ihn bald komplett. Auch hier sehen wir, wie Minus auf Minus folgt. Kai wird krank – und die Präsentation wird vom Kollegen gehalten. Es folgt Tadel von der Chefin. Das Minus nimmt seinen Lauf.*

> *Finn ist Student, 24 Jahre alt, und hat keinen Spaß beim Studium. Das Studieren ist einfach nicht seins. Aber statt sich zu verändern, bleibt er haften. Von zu Hause bekommt er jedoch ganz klar signalisiert: „Mach es fertig, dein Studium. Wir haben so viel in dich investiert.“ Finn macht weiter, unzufrieden, und seine Noten in den Klausuren sind schlecht und werden schlechter. Er zieht es jedoch weiter durch, weil er seine Eltern nicht enttäuschen will. Das treibt ihn an, er will es ihnen doch irgendwie recht machen.*
>
> *Merkst du etwas? Er nutzt seine Big54Change falsch. Disziplin am falschen Ort ist absolut schädlich. Es kommt immer darauf an, sein eigenes Ziel zu erfüllen und die Tools im richtigen Kontext einzusetzen.*

*Das Minus bei Finn nimmt seinen Lauf. Er folgt zwar diszipliniert seinen inneren Elternstimmen, doch mit diesem Studium steht seine Karriereleiter an der falschen Wand. Er merkt es, ist aber nicht in der Lage, etwas zu ändern. Er verfolgt ein für ihn falsches Ziel. Er denkt, die Leiter sei unverrückbar. Finn steckt im Minus fest und wird so niemals wirklich erfolgreich sein. Dann kommt es, wie es kommen muss: Er fällt zweimal durch das Staatsexamen und bleibt über Jahre geknickt.*

Ich habe dir jetzt viele Beispiele von Menschen in unterschiedlichen Lebensbereichen und Situationen gezeigt. Was haben diese Beispiele gemeinsam? Sie zeigen, dass wir uns schwertun, etwas zu verändern.

## No Change – aber warum?

Unser Gehirn ist eine faule Socke und will am liebsten seinen Status beibehalten. Es ist darauf aus, wenig Energie zu verbrauchen. Wir wollen keine weitere Energie aufwenden, doch das müssten wir für eine Veränderung. Wenn wir uns in gewohnten Bahnen bewegen, erhöht sich unser Energiebedarf nicht und wir fühlen uns sicher. Unser Gehirn will den Energieaufwand geringhalten. Jede Zelle dort und jedes neuronale Netzwerk organisiert seine Beziehungen immer wieder so, dass diese wenig Energie verbrauchen.[10] Die Hirnforschung nennt das „Kohärenz". Sobald wir etwas verändern, es eine Schwierigkeit gibt, werden neue Neuronen gefeuert, und das macht es anstrengend und energiefressend.

Du hast also recht, wenn du dich nicht verändern willst, denn du handelst im Sinne eines deiner ganz wichtigen Körperorgane. Die Frage ist aber: Willst du recht haben oder glücklich sein? Erfolg ist eine Folge von Tätigkeiten, die uns aus unserem Status quo, aus unserer Komfortzone hinaus ins Neue und damit Unsichere bringen. Sprich: Dein Energielevel wird erhöht. Dann werden neue Wege gebahnt, physisch und auch in einem deiner wichtigsten Organe, dem Gehirn. Neuronen werden gefeuert. Diese Wege werden Straßen und das Unbekannte wird zur Gewohnheit. Doch bis das Ganze geschehen kann, ist meist erst einmal eine Überwindung erforderlich und damit verbunden ein Sieg über die Angst.

Denn Angst ist ein großer Verhinderer von Veränderungen. Wir haben Angst vor dem Neuen und Ungewissen. Angst macht uns unsicher.

Entweder, weil wir bereits schlechte Erfahrungen mit etwas gemacht haben, weil wir Angst haben, die Kontrolle zu verlieren, oder weil wir Angst haben, dass es noch schlechter werden könnte. Als Lehrer das sichere Beamtentum zu verlassen, das ist ein großes Risiko. Was, wenn man doch nicht Fuß fasst in der freien Wirtschaft?

Auch unser Selbstvertrauen spielt hier eine große Rolle. Wenig Selbstvertrauen, viel Angst. Angst gepaart mit einem geringen Selbstwert lässt uns weiter im Hamsterrad laufen. Wir drehen uns im Kreis und merken es gar nicht, da wir zumindest in Bewegung sind und den Status quo aufrechterhalten.

Angst ist etwas, was wir gelernt haben. Eltern schützen ihr Kind vor Gefahren und damit auch vor neuen Entdeckungen. Bei der geringsten Gefahr oder wenn etwas Unvorhergesehenes eintritt, nimmt die Mutter ihr Kleines auf den Arm. Das Kind nimmt wahr: Die Welt ist risikobehaftet und schwierig. Damit hat die Angst ihre nützliche Funktion eingebüßt (Angst vor dem Säbelzahntiger oder dunklen, unbekannten Höhlen war nützlich!) und wird letztlich zum Verhinderer, und schließlich trauen wir uns nichts mehr zu als Erwachsene. Unser Selbstwert schrumpft. Wir denken, es sei unsere eigene Angst, dabei haben wir sie schon früh von unseren Eltern erfahren und gelernt, sie zu unserer eigenen zu machen.

Was tun bei Ängsten? Sollen wir sie überwinden oder nicht? Wenn wir uns unseren Ängsten nicht stellen, bleiben wir im Minus. Meine Schwiegermutter hatte zwar den Führerschein, war jedoch zu ängstlich, Auto zu fahren, und hat das nie getan. Wenn wir immer im Minus bleiben, werden wir nie eine sichere Autofahrerin werden und unser Steuer selbst in der Hand halten. Erfolg ist eine Überwindungsprämie.

Ein Knackpunkt für positive Veränderungen ist die Überwindung unserer Angst. Wie kann uns das gelingen?

Wenn du Vortragsangst hast, wirst du diese nicht verlieren, wenn du keinen Vortrag hältst. Genauso wenig verlierst du deine Flugangst, wenn du Flugzeuge meidest. Das heißt, der einzige Weg aus der Angst ist in die Angst hinein. In der Psychologie sprechen wir von der Konfrontation mit der Angst. Gegebenenfalls braucht es einen guten Unterstützer wie zum Beispiel einen Coach beim Erstellen und Üben des Vortrags. Doch es geht kein Weg daran vorbei, in die Angst hineinzugehen, wenn du sie überwinden willst. Erfolgreiche Menschen haben auch Ängste, doch der Mut ist größer und die Hoffnung auf ein gutes Ende oder eine günstige Entwicklung.

Du kannst dir immer wieder diese Frage stellen: Hilft mir mein Verhalten dabei, der Mensch zu werden, der ich sein will? Und eine weitere mächtige Frage ist: Was würde ich tun, wenn ich keine Angst hätte?

Die Frage ist also: Traust du dich, etwas zu verändern? Welche Unterstützung brauchst du dabei? Willst du überhaupt etwas verändern? Ich glaube schon, denn sonst hättest du nicht zu diesem Buch gegriffen. Wie kannst du dich stabilisieren? Was ist größer – deine Angst oder deine Hoffnung auf Verbesserung?

Selbst Goethe hatte trotz seiner Genialität eine Angst, und zwar so richtig schlimme Höhenangst. Und was glaubst du, was er getan hat, um diese zu überwinden? Er ist auf Kirchtürme geklettert. Also: Wo steht dein nächster Kirchturm?

### Too much Change

Kommen wir zur zweiten Konstellation der Change-Geplagten im Minus: zu viel Change am Arbeitsplatz. Auch hier kann es ein punktuelles negatives Ereignis in der Ausgangssituation sein, das eine negative Episode, eine negative Zukunftssituation mit sich bringt, wie Jobverlust, eine neue schwierige Jobsituation, einen neuen schwierigen Chef, Versetzung, Personalabbau, Insolvenz des Unternehmens. Eine Veränderung kann uns ins Dauerminus bringen. Auch auf diese negative Ausgangssituation reagieren wir häufig negativ, befinden uns also auch hier im Doppel-Minus. Unsere Stimmung ist schlecht, wir stecken fest, fühlen uns negativ und schwach und schaffen es nicht, aus diesem negativen Strudel wieder rauszukommen. Wir sperren uns gegen die Veränderungen. Wir wollen keinen Change und sind in schlechter Laune und im Minus gefangen.

Es gibt auch Ausgangssituationen, die aus vielen punktuellen Reizen bestehen und über eine längere Zeit auf dich einwirken und dauernden Change im Unternehmen begründen. Eine länger andauernde Minus-

Ausgangssituation kann zum Beispiel eine Krise, Umstrukturierung, Fusion sein, eine andauernde ungünstige Situation im Job, Dauerstress, alles, was negativ ist. Auch die x-te neue IT oder die immer wieder neuen Prozesse. Hierbei reagieren wir mit Minus in unserer Stimmung, Ausrichtung, Befindlichkeit. Wir begegnen der negativen Situation oder den negativen Situationen negativ. Wir wollen keinen Change mehr. Irgendwann sind wir changemüde geworden. Change ist unwillkommen. Auch hier tun wir alles gegen den Wandel. Fakt ist: Wir sind im Minus – Minus mit Ausgangs- und Zukunftssituation.

> *Sabine hat bei der letzten Umstrukturierung betriebsbedingt ihren Job verloren. Sie ist Ende 40, also in einem „schwierigen Alter" für den Jobmarkt (ich behaupte, das ist totaler Bullshit, und kann es beweisen, denn ganz viele Menschen in diesem Alter kommen zu mir ins Coaching, und alle starten noch mal durch), und die Kündigung hat sie hart getroffen, denn sie war immer solidarisch und pflichtbewusst gewesen und hatte alles für die Firma gegeben. Warum also sie? Ihr Ehrgefühl ist verletzt, sie fühlt sich verraten. Es nagen Selbstzweifel an ihr, und sie kommt einfach nicht aus ihrem Tief und dem Fall ins ständige Minus heraus. Anfangs hat ihr Mann noch viel Verständnis für ihre Lamentiererei gezeigt, doch mittlerweile geht er auch ein wenig auf Abstand. Zu viel Negatives ist schwer zu ertragen, auch für unser Umfeld. Sabine steckt fest und sieht sich als Opfer. Es gibt Tage, da kann sie kaum aufstehen, sie halten eh kaum Positives für sie bereit. „Ich Arme, ich muss mich meinem Schicksal fügen, das Leben ist ungerecht", denkt sie. Perspektiven sieht sie keine.*

In der Corona-Pandemie ist in vielen Unternehmen die Stimmung gekippt. Verständlich, denn harte Zeiten sind angebrochen. Nicht für alle Branchen, doch für viele. Die Krise, also ein gewaltiger Change, ist eingeschlagen. Kurzarbeit verordnet. Miese Stimmung. Das Minus von außen hat ein Minus in der Reaktion der Mitarbeitenden hervorgebracht. Es wird nicht nach Lösungen gesucht, nur nach Problemen. Viele Menschen denken: „Jetzt muss ich mich dem fügen und kann nicht kreativ sein oder selber neue Wege gehen oder die Krise auch als Chance sehen." Es herrscht die Angst, den Job zu verlieren.

Ich kenne ganze Teams in Unternehmen, die gerade eine Minus-Stimmung pflegen. Da wird gejammert und gejammert. Es wird kein gutes

Haar am Unternehmen gelassen. Als Chefin ist man mit solchen Jammerkolonialisten (so nenne ich sie, weil sie oft eine ganze Kolonie bilden) absolut gefordert. Denn die häufig damit einhergehende Problemfokussierung ist eher ungünstig für die Zusammenarbeit und ganz schlecht für Innovationen und neue gute Ideen. Das Motto: Es wird gezweifelt, und das Ende ist die Verzweiflung.

> *Ich kenne Ravi, 56 Jahre, schon viele Jahre. Er besitzt einen kleinen Obstladen in New York. Er arbeitet nahezu rund um die Uhr. Geschlafen wird maximal vier Stunden, denn morgens stehen Großmarktbesuch und Einkauf an. Ravi ist froh, dass er das alles hinbekommt, doch ein schönes erfolgreiches Leben sieht anders aus. Seins plätschert so dahin. Minus von den Konditionen her, vom Umsatz her, und auch ein Minus von Ravis Stimmung und Laune. Minus-Minus. Ravi ist in zweiter Generation im Laden tätig und findet nicht heraus, was er tun könnte, um etwas an seinem Leben zu verbessern. Er funktioniert einfach. Seiner Meinung nach kann man mit Obst einfach nicht so richtig Geld machen und zufrieden sein. Und dann kommt es ganz dick: eine Naturkatastrophe. Die Lieferketten brechen ab, Lieferungen bleiben aus, Container können nicht passieren. Der Markt liegt fast still, und das über Tage. Ravi ist am Ende, kann nicht mehr schlafen und rutscht in eine Depression.*

> *Der Software-Change war der blanke Horror in einem Unternehmen, das ich beraten habe. Es war nicht die erste Software, mit der man gescheitert war, sondern mittlerweile die dritte, und brachte schon im Vorfeld eine extrem ungute Stimmung mit sich. Kaum hatten sich alle an die vorige Software gewöhnt, kam nun die nächste IT. Die Führungskräfte taten sich extrem schwer, diesen Change plausibel zu erläutern. Die Mitarbeitenden waren frustriert und genervt. Unlust machte sich breit, das Vertrauen war weg, und auch Angst war vorhanden. Denn neue Software hieß wiederum, Neues lernen und alte Wege verlassen zu müssen. Minus-Minus, wohin man blickte.*

### Too much Change – warum tun wir nichts?

Dass es bei mehrfachem Change wie zum Beispiel bei Fusionen oder neuen Prozessen erst einmal ein Dagegensein gibt, ist schon klar. Immer nur dagegen sein, das tut uns auch nicht gut. Wie kommt es, dass wir dennoch nichts ändern? Dauerfrust ist auch nicht gerade lustig. Eine berechtigte Frage ist auch: Wie lange ist es okay, im Minus zu sein, wenn etwas Negatives passiert?

Mir geht es um Situationen, die uns, warum auch immer, in einem zu starken Ausmaß triggern. Phasen, die uns die Lust und Freude auf Dauer nehmen. In vielen „Minus-Minus"-Fällen stecken wir zu lange fest und leiden darunter. Das zeigt sich daran, dass sich unser Leben eher schwer als leicht anfühlt und wir eher frustriert als freudig sind. Wenn wir zu lange in unguten Episoden aushalten, steckt auch hier meistens eine mittlerweile alte Bekannte dahinter: die Angst. Angst hat große Macht über uns. Aus Angst fristen viele Menschen ein beruflich unzufriedenes Leben.

Lass uns diesem Verhalten auf den Grund gehen, um die Hintergründe zu verstehen. Du kennst sicherlich das Sprichwort: Erkenntnis ist der erste Weg zur Besserung. Wenn du deine Reaktion, dein Verhalten verstehst, hast du eine solche Erkenntnis und kannst entscheiden, wie du damit umgehst.

Warum sabotieren wir uns selbst mit unseren Selbstzweifeln und halten uns von einem erfüllten und zufriedenen Leben ab? Wie kommen wir aus dem Change-Frust heraus? Wie werden wir, changemüde und changegeplagt, wieder wach und frisch? Warum verhindern wir unseren nächsten Change zum Besseren? Was tun wir genau, wenn wir uns selbst boykottieren, feststecken, nur noch irgendwie funktionieren und uns immer mehr von uns selbst entfernen? Und wie können wir den „freien Fall" im Minus-Minus stoppen?

## Die Stabilisierung: Das Schemacoaching-Modell

Ein kognitives Erklärungsmodell, warum wir aus dem Change-Frust so schlecht herauskommen, bietet das sogenannte Modusmodell aus dem Schemacoaching. Das Schemacoaching ist ein Therapie- und Coachingansatz, der sich aus Elementen der Verhaltenstherapie, Tiefenpsychologie und Gestalttherapie entwickelt hat.[11] Unter Schemata versteht der amerikanische Psychologe Jeffrey Young ungünstige beständige Verhaltensmuster, die wir in der Kindheit erworben haben, weil unsere

Bedürfnisse nicht oder nicht im gewünschten Maß erfüllt wurden. Schemata kannst du dir wie gewohnte vorgebahnte Wege vorstellen, die vor langer Zeit entstanden sind und auf denen eine Reaktion von dir sehr schnell und leicht abrufbar ist.[12] Das können ungünstige Gefühle, Gedanken und Erinnerungen sein, die Altlasten unserer Kindheit sind und unser Verhalten als Erwachsene immer noch steuern.

Nehmen wir zum Beispiel das Schema „Unzulänglichkeit", das oft anzutreffen ist, wenn jemand als Kind zu viel Kritik, Zurückweisung und auch Abwertung erfahren hat. Das kann selbst bei äußerst erfolgreichen Menschen dazu führen, dass sie von sich glauben, nichts wert zu sein. Wenn das Schema aktiviert wird, zum Beispiel durch Kritik, reagiert jemand mit dieser Prägung extrem und sehr sensibel auf diese Kritik. Die Reaktionsmuster können unterschiedlich sein: Jemand isst daraufhin zu viel Schokolade oder flieht in zu viel Alkohol, versucht, alles zwanghaft zu kontrollieren, oder will alles noch perfekter machen und noch erfolgreicher sein.

Wenn jemand als Kind oft allein gelassen wurde, kann sich das Schema „Verlassenheit" entwickelt haben. Als Erwachsener kann die Person mit solchem Muster noch immer Angst haben, verlassen zu werden, und klammert sich möglicherweise sehr stark an andere Menschen.

Ein anderes Schema ist „Abhängigkeit". Dieses Muster kann sich entwickeln, wenn jemand als Kind nicht zur Selbstständigkeit erzogen wurde, weil dem Kind nahezu alles abgenommen wurde und man ihm auch nichts zugetraut hat. Als Erwachsene fühlen sich solche Menschen oft inkompetent und leiden an mangelndem Selbstvertrauen. Es kann auch sein, dass sie sich von anderen Personen abhängig fühlen und sich diesen unterordnen, und zwar zulasten der eigenen Wünsche und Bedürfnisse.

Wenn ein Schema aktiviert wird, führt das zu emotionalen Reaktionen, die ähnlich intensiv sind wie die kindlichen Emotionen zur Entstehungszeit des Schemas.[13] Jemand drückt also einen Trigger-Knopf bei dir und dann kommen bestimmte Reaktionen im Jetzt, die auf alte Erfahrungen fußen. Den Erlebniszustand, der durch das Schema aktiviert wird, nennt man „Modus". Das Schemacoaching unterscheidet mit diesen Modi zwischen verschiedenen Persönlichkeitsanteilen, die wir in uns tragen.

Du kannst sie dir wie ein inneres Team, mit unterschiedlichen Mitgliedern, vorstellen. Ich möchte dir die Hintergründe ein wenig genauer anhand des Schemacoaching-Modells erläutern und wie du damit schwierige Situationen überleben und dich stabilisieren kannst.

## Eltern-Kind-Interaktionen

Ausgangspunkt unserer persönlichen Entwicklung sind die im frühkindlichen Alter erlebten Eltern-Kind-Interaktionen. Jedoch haben primäre Bezugspersonen in der Kindheit die grundlegenden kindlichen Bedürfnisse nach Bindung, Wertschätzung, im späteren Alter Autonomie und Grenzsetzung nicht immer erfüllt. Mal angenommen, wir haben einen sehr leistungsorientierten Elternteil, dann kann sich das so zeigen: Ein Kind kommt von der Schule und hat eine Zwei minus im Rechnen. Der Vater, der das Beste für das Kind will, sagt zu ihm: „Ah, eine Zwei minus. Na ja, eine glatte Zwei wäre besser gewesen." Das Kind reagiert dann traurig, war es doch stolz auf seine Zwei minus. Es strengt sich an und in der nächsten Arbeit schreibt es eine glatte Zwei und wie reagiert der Vater jetzt: „Gut, dass du eine Zwei hast. Gab es auch jemanden mit einer Eins?" Jetzt ist das Kind erneut traurig und speichert ab: „Wenn ich mich anstrenge, wenn meine Leistung sehr gut ist, werde ich anerkannt und geliebt."

Wenn kindliche Bedürfnisse nicht erfüllt werden, bleiben Wunden oder auch Zustände in uns zurück, die zwar aus der Kindheit stammen, jedoch in bestimmten Situationen im Erwachsenenalter wieder reaktiviert werden können. Wir verinnerlichen diese Leistungsorientierung und denken später, dass das aus uns selbst kommt. Wir „overperformen" als Erwachsene bis hin zum Burn-out. Grenzen verschwinden und das gesunde Maß an Verhalten geht verloren. Wir „performen" aber nicht wirklich für uns selbst, sondern für unsere (inneren) Eltern, deren Stimmen uns immer noch leiten. Wir erinnern uns in bestimmten Stresssituationen an viele dieser emotionalen Zustände aus unserer Kindheit.

### Das innere Kind

Wir unterscheiden zwischen verschiedenen emotionalen Zuständen aus der Kindheit. Hier gibt es *das verletzliche, traurige und einsame Kind*, das nicht gesehen wird (und wie im Beispiel oben nicht für seine Zwei minus oder Zwei anerkannt wird). Was bei dir in Resonanz geht und aktiviert wird, hängt von deiner persönlichen Prägung ab. Andere Kinder reagieren nicht nur traurig, sondern werden wütend oder ärgerlich, wenn sie nicht wertgeschätzt werden oder ihre Bedürfnisse nicht erfüllt werden.

Beispiel: Wenn eine Mutter sehr gestresst und überlastet ist, somit wenig Zeit für das Kind hat und es beim Einkaufen durch den Supermarkt schleift, kann man oft Folgendes wahrnehmen: Zunächst trottet das Kind traurig hinter der Mutter her. Diese Traurigkeit schlägt häufig in Wut und Trotz um, sodass sich das Kind auf den Boden wirft, schreit und sich weigert weiterzugehen. An diesem Beispiel sieht man auch, dass Verletzung und Wut eng verwandte Emotionen sind, die häufig ineinander übergehen.

Dann gibt es das *impulsive und undisziplinierte Kind*, das geprägt wird, wenn Erwachsene keine Grenzen ziehen. Ob ein Kind in einer bestimmten Situation traurig, wütend, verletzt oder impulsiv reagiert, hängt auch bis zum gewissen Grad von seinem Temperament ab. Wir tragen diese verschiedenen Zustände als inneres Kind in uns; es ist verletzlich und manchmal auch hilflos und trägt viele Bedürfnisse und Sehnsüchte in sich.

So kann es sein, dass jemand mit dem Muster „Abhängigkeit“, der mit einer neuen Software konfrontiert wird und nicht sehr technikaffin ist, in eine komplette Überforderung gerät und traurig und hilflos reagiert, und zwar über eine „normale“ Reaktion hinaus. Die Reaktionen sind dann eher starr und wenig an die konkrete Herausforderung angepasst. Ebenso kann das Schema „Abhängigkeit“ eine Person davon abhalten, eigene Wege zu gehen und den ungeliebten und ungünstigen Job zu verlassen.

Solche Kindmodi kannst du in der Regel erkennen, wenn es um sehr starke Gefühlsregungen wie zum Beispiel Wut, Angst, Verletzung oder Scham geht. Jemand, der sich auf eine Kritik von der Chefin hin enorm verletzt, klein und defizitär fühlt und die Kritik gar nicht als Entwicklungschance und Feedback sehen kann, befindet sich ziemlich sicher in einem solchen Modus. Eine Person, die bei neuen Aufgaben im fusionierten Team extreme Ängste hat zu versagen und sich nichts zutraut, könnte sich auch in einem ängstlichen Kindmodus befinden. Aktivierte Schemata hindern oft den Betreffenden daran, hilfreiche Lösungen zu finden und das eigene Leben befriedigend zu gestalten. Zwischenmenschliche sowie intrapersonelle Probleme sind vorprogrammiert.

Neben diesen eher negativen Kindzuständen gibt es auch einen positiven, *das glückliche Kind*. Das glückliche Kind ist dann vorherrschend, wenn es spielt, unbeschwert in Bewegung ist, hüpft und herumtollt. Es trägt Lebensfreude und Kreativität in sich, was sich dann zeigt, wenn es freudig und zufrieden ist. Als Erwachsener ist dein inneres Kind in den Momenten glücklich, in denen du auch als Erwachsener mit dir im Reinen bist und deine Bedürfnisse erfüllen kannst, wenn du ausgelassen und voller Freude bist.

**Die inneren Elternstimmen**

Abgesehen von den Kindmodi existieren zudem noch sogenannte innere Elternmodi. Du siehst, es ist gar nicht so einfach, menschliches Verhalten und innere Interaktionen und Gefühlszustände zu analysieren. Alle unsere Erlebnisse sind abgespeichert, und so auch die früheren Elternstimmen. Darunter finden sich alle Botschaften, die wir aus unserer Familie vermittelt bekommen haben. Aus den negativen und uns abwertenden Botschaften hat sich letztlich unser innerer Kritiker entwickelt, der uns häufig bei Veränderungen und anderen Vorhaben schwächt oder gar davon abhält. Dieser innere Kritiker ist nichts anderes als unsere internalisierten kritischen Elternstimmen, und auch diese haben unterschiedliche Ausprägungen.

Einerseits gibt es den *strafenden Elternmodus*. Dieser ist vorherrschend, wenn Kinder entwertet werden. Sätze hier können sein: „Du schaffst das nie“, „Du kannst das nicht!“, „Du bist zu dumm“, „Auf dich haben sie gerade gewartet“. Martin, der verbeamtete Lehrer aus dem Beispiel weiter oben, hat solche Gedanken. „Wechseln, nein, das kann ich nicht. Auf mich werden sie gerade in der Industrie gewartet haben. Ich werde das nicht schaffen.“ Sein Vater als Studiendirektor war immer sehr kritisch mit seinem Sohn.

Auf der anderen Seite existiert der *fordernde Elternmodus*. Der fordernde Elternmodus hat zwei Ausprägungen, den leistungsfordernden, wie bei dem Schulbeispiel mit der Zwei minus, und den emotional fordernden

Elternmodus. Sätze hier können sein: „Sei doch noch so egoistisch", „Nimm dich zurück", „Dräng dich nicht immer in den Vordergrund", „Nimm Rücksicht. Andere sind wichtiger". Bei Shirin aus dem Beispiel oben ist dieser Modus vorherrschend. Sie nimmt sich permanent zurück und steht an letzter Stelle. Alle anderen kommen zuerst.

Als „Elternmodi" bezeichnen wir alle Botschaften, die uns unsere Eltern vermittelt haben, und auch die Atmosphäre, die zu Hause vorherrschend war. Also alles, was uns verbal, nonverbal und atmosphärisch in unserer Kindheit geprägt hat. Wenn ein Vater enorm viel leistet und extrem erfolgreich war und mehr in der Arbeit als zu Hause war, dann braucht das nicht verbal erwähnt zu werden.

> *Mein geliebter Ehemann ist in einer sehr sparsamen Familie aufgewachsen. Taxifahren war ein Ding der Unmöglichkeit. Der Satz, der bei ihm hochkam, ist: „Taxi fahren, das macht man nicht." Obwohl er mittlerweile ein gutverdienender Psychiater ist, sträubt er sich, mit mir Taxi zum Beispiel in die Oper zu fahren. Er ordnet sich, obwohl er mittlerweile längst erwachsen ist, diesen inneren Elternstimmen unter. Wenn wir ausgehen wollen und ich mich aufgehübscht habe und hohe Schuhe trage, ist eines klar: Jetzt gibt's Streit. Denn ich will natürlich mit dem Taxi fahren. Oft gab es hier bei uns Auseinandersetzungen. Die Stimmen seiner Eltern sind weiterhin präsent, obwohl es im Heute keine Notwendigkeit des Sparens gibt und wir uns eine Taxifahrt sehr gut leisten können. Früher habe ich gedacht, er liebt mich nicht richtig. Wenn ich allerdings weiß, dass es die inneren Elternstimmen sind, die ihn führen und leiten, kann ich anders mit der Situation umgehen und nach Lösungen suchen.*

Wie auch dieses Taxi-Beispiel zeigt, sind die Dinge oft nicht so, wie sie vordergründig scheinen. Vordergründig gibt es Streit um 12,50 Euro Taxikosten. Doch es geht um etwas ganz anderes auf einer anderen Ebene, und zwar um innere Prägungen und innere Stimmen und Forderungen und ob wir diesen genügen oder sie als Erwachsene überwinden. Wenn wir den Elternstimmen zuwiderhandeln, lösen diese inneren Anteile oft Schuldgefühle oder ein schlechtes Gewissen bei uns aus. Wenn zum Beispiel Eltern sehr sparsam waren und man selbst gönnt sich etwas, mischt sich ein schlechtes Gewissen in die Freude. Deswegen sind Veränderungen für uns zunächst nicht einfach, denn die inneren Stimmen sind sehr stark. Andererseits ist es wichtig, sich und seine Muster zu kennen, um Veränderungen anzugehen und auf lange Sicht freier und mehr man selbst zu sein.

> *Emma war auf einem Bauernhof aufgewachsen. Die Eltern waren immer in Bewegung gewesen, es war einfach viel zu tun und es gab viel Arbeit zu erledigen. Sie waren auch sehr leistungsorientiert. Wenn Emma beim Spielen war oder einfach nur einmal im Garten saß, sagte ihr Vater sofort: „Hast du nichts Vernünftiges zu tun? Gibt es nichts zu arbeiten?" Noch heute gönnt sie sich keine Ruhepause. Ihre inneren Elternstimmen treiben sie weiterhin an und verbieten ihr jegliches Ausruhen und Muße. Ihr Motto ist: Immer weiter, immer schneller, immer perfekter.*

Ähnlich ist es bei Ravi und seinem Obstladen. Ausruhen ist nicht. Es wird weitergearbeitet, egal, ob es Freude macht oder nicht. Mit dieser ständigen Bewegung in Körper und Geist schafft es kein Mensch, neue Ideen zu finden und neue Märkte zu erschließen.

Der Terminus heißt zwar „Elternmodus", es kommen jedoch auch Erfahrungen außerhalb des Elternhauses wie zum Beispiel aus Schule oder Kindergarten dazu, die uns ebenfalls geprägt haben.

Nimm dir ein paar Minuten und schreibe Folgendes auf: Was waren die Botschaften aus deiner Kindheit? Erkennst du Zusammenhänge mit deiner jetzigen oder bisherigen beruflichen Situation? Inwieweit wirken sich deine inneren Stimmen auf berufliche Veränderungen aus?

### Die beiden Bühnen deines Lebens

Wir haben diese Botschaften in uns aufgenommen und internalisieren diese sozusagen. Damit werden diese Stimmen von früher zu unseren eigenen Stimmen im Heute. Da sich diese Stimmen nicht im Vordergrund, sondern in unserem Inneren, im Dunkeln und Unbewussten, quasi im Hintergrund melden, möchte ich dir ein Bild dazu anbieten: Diese Stimmen bilden unsere „hintere Bühne". Du kennst das von Theaterbühnen: Es gibt eine vordere Bühne, auf der alles sichtbar ist, und eine hintere Bühne, wo sich auch einiges aus der Vergangenheit befindet. Da stehen zum Beispiel alte Kulissen herum, oder solche aus anderen

Stücken. Dort finden wir die inneren Kindmodi und die inneren Elternmodi aus deiner Kindheit. Die hintere Bühne stellt quasi die Konfliktbühne zwischen den inneren Eltern und dem inneren Kind dar.

Auf der hinteren Bühne ist all jenes abgespeichert, was wir bislang erlebt haben. Dort finden wir Erfahrungen, die uns geprägt haben und die ursächlich für unser heutiges Verhalten sind. Manchmal merken wir gar nicht, dass es die Stimmen unserer Eltern sind, die uns noch immer leiten. So wie bei meinem Mann, der aus einer Familie kommt, in der man eben einfach kein Taxi fährt, egal, ob man das Geld dafür hat oder nicht.

Neben der hinteren Bühne gibt es die vordere Bühne, die unser aktiviertes Verhalten im Hier und Jetzt zeigt. Auf dieser Bühne handeln wir in der Gegenwart so, dass es uns nicht weh oder wenig weh tut, also so, dass die schmerzhaften Kindzustände nicht aktiviert werden. Wir wollen die alten Schmerzen aus unserer Kindheit nicht wieder erleben, das Abgelehntwerden, die Kränkungen und die Beschämungen, und haben auf dieser vorderen Bühne verschiedene Bewältigungsstrategien entwickelt, die uns davor schützen sollen, all das erneut zu spüren, und die die alten Schemaaktivierungen verhindern. Die vordere Bühne heißt deswegen Bewältigungs- oder auch Beschützerbühne. Oft ist unser Bewusstsein von dem Stück auf der vorderen Bühne so gefesselt, dass es das Geschehen auf der hinteren Bühne kaum wahrnimmt.[14] Der Konflikt auf der hinteren Bühne zwischen innerem Kind und Elternmodi erzeugt sehr große innere Spannungen. Um diese zu reduzieren, werden Verteidigungsmechanismen zur Spannungsreduktion in Form von Bewältigungsstrategien entwickelt. Wenn wir auf unserer vorderen Bühne in einen dieser „Bewältigungsmodi“ verfallen, folgen wir dabei jedoch uralten Mustern, die noch aus der Säbelzahntigerzeit stammen und die uns heute nicht mehr unbedingt gute Dienste leisten. Obendrein „betäuben“ wir damit auch die alten Schmerzen und Glaubenssätze nur, wir können sie nicht überwinden und nicht frei von ihnen sein. Diese Freiheit erlangen wir nur, wenn wir uns dem Schmerz stellen und ihn nicht abwehren.

Diese Beschützer, auf die ich gleich noch näher eingehe, haben die Aufgabe die alten Schemaaktivierungen zu verhindern. Mit diesen Strategien bewältigen wir unseren Stress oder unsere Verletzungen und unsere Ängste bei jeglichen Veränderungen, damit wir diese nicht so sehr spüren. Das Problem ist, dass wir damit auch die alten Schmerzen und Glaubenssätze nicht überwinden und nicht frei sein können. Diese Freiheit erlangen wir nur, wenn wir uns dem Schmerz stellen und ihn nicht abwehren.

### Die drei Reaktionsmuster

Die Bewältigungsmodi auf der vorderen Bühne im Schemacoaching sind danach benannt, wie sich Tiere in Gefahrensituationen verhalten. Ganz einfach erklärt: Wenn ein Jäger kommt, hat das Kaninchen drei Möglichkeiten: sich totstellen, fliehen oder kämpfen. Und genau das tun wir als Erwachsene, wenn wir uns Bedrohungen, Verletzungen, Unsicherheiten und Kränkungen nicht aussetzen wollen: Wir handeln im Freeze, Fight oder Flight Modus.

◇ **Freeze – Erstarrung: Unterordnung / Erduldung**

Du stellst dich tot. Du bist eingefroren. Du fügst dich. Du unterwirfst dich den inneren Stimmen deiner Eltern. Du opferst dich auf und strebst weiter nach Leistung. Du arbeitest noch mehr und noch härter und spürst kaum noch deine eigenen Bedürfnisse, um der Leistungserwartung deiner inneren Elternstimmen zu entsprechen. Du hast es aufgegeben, gegen die bedrohlichen Stimmen anzugehen. Du verzweifelst und denkst: „Ach, das Leben ist ungerecht, es ist halt so." Du nimmst es hin, ohne etwas dagegen zu tun, und erstarrst im Leid, manchmal auch im Selbstmitleid.

So wie Finn, der unglückliche Student, der sich den Elternstimmen unterordnet und sein Studium fortsetzt, obwohl es ihn nicht interessiert und auch nicht glücklich macht. Doch seine Eltern haben so viele Opfer dafür gebracht, also macht er einfach weiter.

Oder so wie ich, als ich viel zu lang in der für mich unguten Situation als Juristin beim Automobilclub herumdümpelte. Ich habe mich meinen inneren Stimmen unterworfen und gedacht, ich müsse an einem unlustigen Arbeitsplatz festhalten und es gäbe keinen Ausweg. Ich war erstarrt und habe einfach nur funktioniert.

Vielleicht ordnest du dich deiner neuen **Führungskraft** unter, obwohl sie dich schon länger demotiviert und abwertet. Doch du sagst nicht deine Meinung und machst brav deinen Job. Das geht zulasten deiner Kreativität und Lebensfreude.

- **Fight – Kampf: Angriff / Überkompensation**
  Du kämpfst. Du willst nur alles perfekt oder noch perfekter machen. Du überkompensierst. Immer weiter und schneller und noch besser ist die Devise deines unerbittlichen Kampfes. Du merkst nicht, dass du eigentlich gegen dich selbst kämpfst. Du willst alles kontrollieren, nichts darf sich deiner Kontrolle entziehen. Du siehst: Der Kampf-Modus kann sich auf der einen Seite in kämpferischen, aggressiven Verhaltensweisen zeigen. Auf der anderen Seite fallen auch Verhaltensweisen wie Überkompensation, übermäßiger Perfektionismus und übermäßige Kontrolle darunter.

  Seine Angst vor Machtverlust kompensiert ein Chef mit folgendem Verhalten: Er gibt sich besonders stark und schlau und man denkt, ihn kann nichts aus der Bahn werfen. Dabei ist er selbst sehr streng zu seinen Mitarbeitern und greift diese oft an und wertet sie ab. Bei Veränderungen ist er extrem ungeduldig und stellt sich über die anderen.

  Shirin ist sehr perfektionistisch und geht damit über Grenzen. Den Ansporn zu haben, etwas gut zu machen im Job, ist sicherlich in Ordnung, doch wenn der Perfektionismus stets getriggert wird, kann ein Abwehrmechanismus dahinterliegen.

  Auch ich habe perfektionistische Züge in mir, die dazu führen, dass etwas nie gut genug ist und ich mich oft selbst werte.

- **Flight – Flucht: Gefühlsvermeidung**
  Du fliehst. Du versuchst durch Vermeidung mit den Verletzungen umzugehen. Du hast Angst, einen Vortrag zu halten, und wirst immer davor krank und sagst den Vortrag ab.

  So hat sich auch Kai vor seiner Präsentation verhalten, und es nahm kein gutes Ende. Er blieb im Minus.

  Du hast Angst, nicht von der Gesellschaft akzeptiert zu werden, und lehnst deswegen alle Partyeinladungen ab. Du fliehst bei Stress in die nächste Fitnessstunde, um dich exzessiv bis an die Grenze auszupowern. Du schaust stundenlang TV, um dich zu beruhigen und abzulenken, oder du trinkst bei Stress stets Alkohol. Auch das ist Flucht.

Shirin geht trotz der wenigen Zeit noch fast jeden Abend zum Laufen, verausgabt sich da komplett. Das hilft ihr beim Abreagieren, doch mittlerweile ist es weitaus mehr. Sie braucht die extreme Anstrengung wie die Luft zum Atmen. Damit spürt sie ihre Unzufriedenheit im Job nicht mehr beziehungsweise wehrt diese durch die extreme Anstrengung ab.

Wir sind nicht auf einen Modus festgelegt, die Bewältigungsstrategien können je nach Lage wechseln. Oft kommt jedoch bei einem Menschen ein Modus verstärkt vor. Im Vordergrund, also auf der vorderen Bühne, sehen wir, was ein Mensch primär an Bewältigungsstrategien entwickelt hat. Auf der hinteren Bühne finden sich die Instanzen, die unser Unbewusstes ausmachen und die Notwendigkeit der Strategien auslösen.

*Wie du gelesen hast, habe ich es zehn Jahre in einem Unternehmen ausgehalten, obwohl ich unglücklich war. Lass uns mein Verhalten einmal auf meine inneren Anteile hin untersuchen. Auch bei mir gab es innere Stimmen, die sagten: „Einen sicheren Job gibt man nicht auf." Außerdem gab es in meiner Familie niemanden, der schon mal ein eigenes Unternehmen gegründet hatte. Ich traute mir das mangels Vorbilder einfach nicht zu. Also machte ich weiter. Ich habe diesen inneren Stimmen geglaubt, sie sogar als meine angesehen und mich untergeordnet. Mein Bewältigungsstil war somit „Freeze", die Unterwerfung. Ich hatte ja auch noch ein kleines Kind und musste Geld verdienen. Du siehst, es gibt immer gute Gründe etwas auszuhalten. Ich quälte mich, da Arbeit auch nach Ansicht meiner Familie nicht unbedingt etwas ist, was unbedingt Spaß macht. So verhielt ich mich konform zum Rest der Familie. Ein weiterer Satz in meinem Kopf war: „Schuster, bleib bei deinen Leisten. Du bist ein Arbeiterkind und dich selbst verwirklichen, das geht nicht." Der innere Kritiker kam immer wieder hoch in mir und hielt mich hervorragend von meinen eigenen Zielen, meiner inneren Größe und einem glücklichen Berufsleben ab. Ich habe mich damals lieber im gewohnten, wenngleich schmerzvollem Terrain bewegt. Obwohl es mir nicht gut ging, veränderte ich nichts. Mein inneres Kind wurde immer trauriger und ich erstarrte immer mehr. Die Bedürfnisse meines unglücklichen inneren Kindes konnte ich nicht erkennen.*

**Der fitte Erwachsene in dir**

Zum Glück sind wir nicht nur den alten Mechanismen ausgeliefert. Es gibt noch einen weiteren Spieler, ein weiteres inneres Teammitglied, und zwar den „gesunden Erwachsenen" in uns, den ich angelehnt an Anke Handrock den „fitten Erwachsenen"[15] nenne. Er ist die innere Instanz, die über der Bühne schwebt und die uns hilft, unser Leben gut zu steuern, er verbindet die hintere mit der vorderen Bühne. An ihm lohnt es sich zu arbeiten, damit er als Regisseur lenkt und Herausforderungen meistert.

Du hast schon einige Probleme in deinem Leben gelöst und dich weiterentwickelt. Wenn du ehrlich zu dir bist, kannst du wohl sehen, wann du in einem Plus oder einem Minus bist, und du weißt auch, was zu tun ist, wenn du genau in dich hineinspürst. Der fitte Erwachsene ist die gesunde Instanz in dir, die erwachsen, besonnen, wertschätzend und klar ist. Er hilft dir auch, dein inneres Kind an der Hand zu nehmen und gut für es zu sorgen und den inneren Kritiker abzuschalten oder zu minimieren. Hierfür musst du sehr wachsam und aufmerksam sein.

Im Schemacoaching geht es als Erstes darum, welche inneren Akteure und Bewältigungsmodi wir selbst entwickelt haben. Als Nächstes wollen wir den fitten Erwachsenen stärken und uns gut um unser inneres Kind kümmern. Damit einher geht, dass wir die strafenden und kritischen inneren Stimmen entmachten und durch liebevolle zugewandte Stimmen ersetzen. Die ausgeprägten hinderlichen Bewältigungsstrategien wollen wir verringern, um uns positiv auszurichten und leichter zu verändern. Wenn zum Beispiel jemand immer Alkohol trinkt, wenn er viel Stress, Kummer hat, da wieder einmal viele Veränderungen am Arbeitsplatz anstehen, dann geht es darum, dieses Muster zu verringern und den Umgang mit Stress zu verbessern. Das grundlegende Problem, der Umgang mit Stress und Kummer, löst sich nicht durch das Konsumieren von Alkohol, und schlimmstenfalls bekommt die Person auf die Dauer noch ein zweites Problem dazu. Vielmehr gilt es zu schauen, welche verletzlichen Kindseiten und strafenden oder kritischen Elternstimmen im Hintergrund wirken.

## Stärke durch Schemacoaching

Wie gehst du am besten vor, wenn du dich mittels des Schemacoaching-Ansatzes reflektieren und stärken willst? Was bringt dir das Schemacoaching-Modusmodell bei Veränderungen? Darauf möchte ich jetzt eingehen und dir zeigen, wie du dich im ersten Schritt damit stabilisieren kannst. Tools und Hinweise zum Modell werden uns in den weiteren Kapiteln begleiten und ich werde dir entsprechende Erläuterungen an den passenden Stellen geben.

### Das Bewusstsein stärken

Jede Veränderung benötigt als Erstes ein Bewusstsein für das zu ändernde Verhalten. So auch die Stabilisierung. Mit dem Modell aus dem Schemacoaching kannst du eine Metaperspektive entwickeln, um auf dich und deine Muster und Verhaltensweisen zu schauen. Welche Darsteller sind bei dir aktiv?

Das Ziel ist, unsere Muster so früh bzw. so schnell wie möglich zu erkennen. Daher sei aufmerksam und beobachte genau, wann du dabei bist, in die „alten" Mechanismen zu verfallen. Wenn du deine Bewältigungsstrategien und Mechanismen bemerkst, dann kannst du dich entscheiden, einzugreifen, und dich anders verhalten oder dir selbst etwas Gutes tun. Wir brauchen genau dieses Bewusstsein, und hierfür eignet sich das Schemacoaching hervorragend. Es braucht ein wenig Übung. Du wirst jedoch sehen, mit mehr Bewusstsein kannst du besser für dich sorgen und mit dem Schmerz, dem Leid, dem Minus besser umgehen und dich dabei stabilisieren.

In diesem ersten Schritt ist es wichtig, aufmerksam zu sein und einfach zu beobachten: Wann kommst du an deine Grenzen? Wann gehst du in die Überkompensation? Wann neigst du dazu, dich in Sport, TV, Arbeit, Alkohol etc. zu flüchten? Wann fliehst du, damit es nicht weh tut? Und wann erstarrst du und ordnest dich unter, anstatt klar und deutlich deine Meinung zu sagen oder deinen Weg zu gehen?

Versuch deine inneren Instanzen von außen anzuschauen. Wie bewältigst du schwierige Situationen oder Stress? Wenn du deine eigenen Anteile erkennst, kannst du durch mehr Bewusstsein mehr Abstand von ihnen bekommen und dich im ersten Schritt stabilisieren.

Das Modell scheint einfach zu sein. Dennoch ist es manchmal gar nicht so leicht zu erkennen, ob es sich um eine ungesunde Bewältigungsstrategie handelt oder ob du dich noch im Rahmen des Repertoires des fitten Erwachsenen bewegst. Nehmen wir ein extremes Beispiel: Ein Bekannter hat seinen Job verloren. Uns allen ist sicherlich klar, dass dies Trauer und Verletzung mit sich bringt. Wenn er also eine gewisse Zeit geknickt ist, ist das absolut okay und normal. Doch wenn wir unseren Bekannten Jahre später treffen und er ist immer noch geknickt und kommt einfach nicht aus seinem Tief heraus, dann hat die Trauer ein Übermaß angenommen und behindert die Person, seine Zukunft zu gestalten. Dahinter verstecken sich wahrscheinlich alte Muster und Bewältigungsstrategien. Wir müssen hier immer unterscheiden zwischen gesundem Bewältigungsverhalten und unguter Strategie. Wenn jemand sehr erfolgreich ist und dennoch permanent an sich zweifelt, kann es auch sein, dass ungesunde Faktoren eine Rolle spielen.

Wenn ich als Schemacoach mit Klienten arbeite, führen wir hierzu oft Diskussionen. Da du das Modell jetzt kennst, kannst du mit dir selbst einen inneren Diskurs führen. Eine wichtige Frage dabei ist: Geht es dir gut mit deinen Strategien, mit deinem Verhalten? Reagierst du im Übermaß auf etwas? Fühlst du dich wohl oder nicht? Passt das Verhalten zum System, in dem du dich bewegst?

Wenn du dir nicht sicher bist, ob dein Verhalten angemessen ist oder nicht, kannst du dir auch Hilfe im Schemacoaching oder in der Schematherapie holen.[16]

Wenn kritische, innere Stimmen auftauchen, versuch dich von außen zu beobachten. Du kannst Folgendes tun, wenn du dabei bist, dich abzuwerten: Denk: „Ah, das denke ich jetzt" bzw. „So denke ich jetzt über mich oder über die Situation oder den anderen Menschen". Es hört sich einfach an, und ist es auch. „Ah, das denke ich darüber." Nicht mehr und nicht weniger. Damit schlüpfst du kurz in eine beobachtende Rolle, auf eine Art Metaebene. Du bist nicht dein Gedanke. Du bist viel mehr. Und indem du „Ah, das denke ich darüber" sagst, dissoziierst du dich von deinem negativen Gedanken. Wenn du im Gedankenstrudel bleibst, wird der innere Kritiker immer stärker und bekommt mehr Macht, und du bist assoziiert mit den schlechten Gedanken. Dieser einfache Satz: „Ah, das denke ich gerade dazu" ist unheimlich mächtig und nimmt dem Kritiker, deinen kritischen Elternstimmen in dir die Macht auf eine leichte Art und Weise.

Nun atme bitte ein paarmal tief in deinen Bauch, direkt nachdem du das „Ah, das denke ich gerade" gedacht hast. Diese Übung ist magisch und wird dich und deinen Kritiker beruhigen. Ich habe das mehrfach ausprobiert und es hat mir sehr geholfen, gerade in schwierigen Minus-Zeiten. Es braucht ein wenig Übung, wie alles Neue, doch du wirst schon bald eine Verbesserung bemerken.

**Den fitten Erwachsenen in dir stärken**

Wenn du dein Verhalten nicht ändern willst oder gerade nicht ändern kannst, dann versuch, eine gute und liebevolle Haltung zu dir selbst einzunehmen. Verhalten findet im Außen statt, in der Interaktion. Auf äußere Dinge, wie andere Menschen, dein Berufsumfeld, in dem du dich bewegst, hast du jedoch nicht immer Einfluss. Doch deine Haltung kannst du beeinflussen, deine innere Einstellung kannst du leicht verbessern und dich dabei stabilisieren. Im Minus-Bereich ist der Zugriff auf unsere Ressourcen nicht ganz einfach. Eine gewisse Disziplin hilft uns durchzuhalten. Loslassen, Flexibilität und Leidenschaft fehlen hier meist und sind im Minus auch schwer zu finden. Doch an deiner Haltung kannst du arbeiten, um wieder mehr in deine Kraft zu kommen.

Kai, unser introvertierter ängstlicher Mitarbeiter aus dem Beispiel weiter vorne, bekam ziemlich viel Kritik von der Chefin und war in einer Minus-Schleife gefangen. Er wusste nicht, wie er es ändern konnte. Er unterwarf sich dieser Situation mit der gewohnten Denke „Ja die Welt ist halt so und ich bin eh nichts wert und tauge nichts". Das war eben seine Bewältigungsstrategie. Wenn er in ein Mitarbeiter- oder Feedbackgespräch zur Chefin zitiert wurde, hatte er schreckliche Ängste.

Wie er sich hier stabilisieren könnte, weiß meine Coach-Persona:

Wenn du ein schwieriges Gespräch vor dir hast oder unsicher bist deinem Gesprächspartner gegenüber, dann schlüpf vorab in Gedanken in ein für dich starkes und stärkendes Tier hinein. Stell dir vor, du bist zum Beispiel ein kraftvoller Adler und nimmst eine überlegene Haltung ein. Stark und mächtig. Du blickst aus deiner weisen, überlegenen Position auf das bevorstehende Gespräch. In dieser überlegenen Haltung kannst du auch einmal durch die Fußgängerzone schreiten und untersuchen, was passiert. Diese Haltung verinnerlichst du dann und zapfst sie an, wenn du sie benötigst.

Oder du schlüpfst, bevor du ins Büro zu deiner Führungskraft gehst, in eine Figur, die du für besonders kompetent hältst. Nimm die Haltung und Rolle dieser Person ein, und dann gehst du ins Gespräch. Wenn du einen Schauspieler oder auch seine oder ihre Rolle für besonders stark und kraftvoll hältst, schlüpf in diese Person, oder sei eine spezielle Politikerin oder ein bestimmter Musiker. Assoziiere dich und verbinde dich in Gedanken mit deiner kraftvollen Figur.

**Den fitten Erwachsenen einschalten**

Lass die Darsteller auf der hinteren Bühne nicht die Regie übernehmen! Entscheide dich bewusst, den fitten Erwachsenen einzusetzen, wenn deine internalisierten Elternstimmen Schwierigkeiten machen, wenn du in deine Schemata rutschst und wenn dein inneres Kind Zuwendung braucht. Dein fitter Erwachsener kann dir auch helfen, wenn deine Big54Change in Disbalance zueinander stehen. Bitte ihn in Zukunft immer um Rat und wende dich an ihn. Diese innere Instanz solltest du ausbauen und gut pflegen. Er kann dir Hinweise geben, wenn du zu viel Disziplin walten lässt und ein falsches Ziel verfolgst.

Wann hast du aufgehört zu tanzen? Ich möchte dich einladen, dein inneres Kind wieder tanzen zu lassen. Wenn du verstanden hast, was dich sabotiert bzw. wie du dich selbst sabotierst und welche kritischen Stimmen in dir in verschiedenen Minus-Situationen oder Phasen zum Vorschein kommen, dann kannst du das tun, was dir Heilung und Verbesserung bringt: Dein inneres verletztes Kind pflegen und dich glücklich machen. Ich nenne es „Selbstfürsorge statt Selbstsabotage". Hierbei ist es egal, ob du überhaupt arbeitest, wo du arbeitest und in welcher beruflichen Phase du dich befindest.

**Das innere Kind heilen**

Wenn du eine Wunde hast, erfolgt die Heilung auch von innen nach außen. Vielleicht kannst du die Heilung unterstützen mit einer Salbe oder einem Heftpflaster, doch heilen muss die Wunde von innen heraus. Sorg in Zukunft dafür, dass es deinem inneren Kind gut geht und es in seinen Bedürfnissen und Interessen gesehen wird und du diese erfüllst.

Auch wenn deine Eltern oder andere Bezugspersonen deine Schemata verursacht haben, so bist doch du jetzt der einzige Mensch, der diese verändern kann. Vergiss die Schuldfrage, sie bringt dich nur in die Vergangenheit. Blick in die Zukunft. Beende das Jammern und nimm deine Macht an, dich zu verändern und für dich selbst zu sorgen. Es obliegt deiner Eigenverantwortung, dein inneres Kind tanzen zu lassen.

Was du früher nicht genug bekommen hast, kannst du dir jetzt als Erwachsener selbst geben. Dann geschieht Heilung und Zufriedenheit für dich. Dein inneres Kind ist immer einmalig, genauso wie du selbst es bist.

Begib dich als Erstes in eine zugewandte Haltung zu dir selbst. Achte auf deine Bedürfnisse. Da wir eh schon den ganzen Tag innerlich mit uns reden, installierst du am besten einen ganz neuen inneren und wohlwollenden Begleiter, nämlich deinen ganz persönlichen Supercoach. Ein neues wohlwollendes Teammitglied, das immer nur in einem liebevollen Ton zu dir spricht. Zähme die Stimmen deines inneren Kritikers und lass deinen fitten Erwachsenen die Stopp-Taste drücken. Dein innerer Supercoach baut dich genauso auf, wie es eine wertschätzende Freundin oder ein guter Kumpel tun würde. Welche Sätze würde dein Supercoach sagen und was sagst du künftig selbst zu dir in schwierigen Situationen?

Sätze können sein: Du hast schon viel erreicht. Du bist liebenswert. Du bist etwas Besonderes. Du bist einmalig. Du darfst einen tollen Job haben. Du darfst dich weiterentwickeln. Du darfst zufrieden und glücklich sein. Du machst deine Sachen richtig gut. Du darfst dich entspannen. Gönn dir jetzt eine kurze Auszeit.

Es ist wichtig, dass du deine Meinung sagst und zu dir stehst. Du bist wichtig. Du bist einmalig und gut so, wie du bist.

Entscheide dich, ab heute jeden Tag etwas für dein inneres Kind zu tun. Fang klein an. Nimm dir jeden Tag dreimal fünf Minuten, die nur dir allein gehören. Deine „Me-Time". Tu hier etwas, was dir guttut. Und atme einfach tief ein – du wirst dich wundern, was allein das Atmen bringt, wenn du es eine Zeitlang machst. Du kannst auch gemütlich einen Tee trinken. Ideen sammeln. Dir gute Dinge sagen und Dankbarkeit zeigen für die Dinge, die noch ein klein wenig gut laufen … Dir fällt bestimmt noch viel mehr ein. Alles, was du tun kannst, um deine Selbstfürsorge zu stärken, stärkt zugleich dein inneres Kind, und du wirst dich besser fühlen. Was kannst du für deine Selbstfürsorge tun? Ein schönes warmes Bad nehmen und dein inneres Kind plantschen lassen? In die Sauna gehen und erst mal entspannen? Ins Kino gehen und einen schönen Film anschauen? Deine Lieblingsmusik hören und lauthals mitsingen? Oder einfach anfangen zu tanzen? Gib dich der Musik hin und bewege dich, wie es für dich passt. Magst du die Natur? Dann geh hinaus und genieß Wald und Wiesen.

**Ein einfacher Tipp, wenn du Führungskraft bist**

*Wenn du einerseits Betroffener von Change und zugleich verantwortlicher Chef bist, hast du eine doppelte Herausforderung. Dauerstress in Teams, die ich berate, sind auch keine Seltenheit. Durch die lange, anstrengende Zeit mit Corona, mit vielen Veränderungen und Unsicherheiten kommen auch so manche Teams an ihre Grenzen. Per Knopfdruck ins Meeting, Organisation im Homeoffice, Kinder, Familie, und so langsam tritt Überforderung ein. Es wird zäh. Zu viel Wandel. Motivation sinkt. Im Coaching erarbeiten wir auf der einen Seite oft Strategien, wie sich jeder Einzelne mehr um seine Selbstfürsorge kümmern kann. Ich sage dann immer gerne, es ist sehr gut, dass du engagiert bist und etwas voranbringen willst im Unternehmen. Bitte nutz genau dieses Engagement für dich selbst und deine Selbstfürsorge. Sei die CEO deines Lebens! Sei der Chef, die Chefin deines Lebens! Du kannst nur Energie und Motivation geben, wenn du sie auch selbst hast. Das Gute daran, wenn du Führungskraft bist, ist, dass du nicht alles selber wissen und können musst; frag doch einfach dein Team und erarbeitet es gemeinsam.*

*Kürzlich hat mir ein Teamleiter gesagt: „Bitte, Frau Nickel, lassen Sie uns etwas zum Stressabbau tun, bei uns kündigen die Leute sogar schon wegen Überlastung und dem Dauerwandel." Ich sagte ihm: „Selbstfürsorge ist als Erstes einmal eines: eine Entscheidung. Genau das gilt auch für ganze Teams." Wir haben Rituale erarbeitet, die den Mitarbeitern seines Teams helfen, in der schweren Zeit auch wieder aufzutanken und motiviert zu sein.*

**Das Selbstvertrauen stärken**

Was ich bei meinen Klienten oft erlebe, ist, dass ihr Selbstvertrauen ob der schwierigen Situationen geschrumpft ist. Dann ist nur eines zu tun: Es wieder aufzubauen. In meiner langen Minus-Zeit habe ich selbst extrem viel an mir gezweifelt. Von außen kamen viele negative Stimmen, und in mir waren sie auch. Irgendwann dachte ich, ich kann gar nichts. Mit dem Selbstvertrauen war auch mein Mut geschrumpft, etwas zu ändern an der aussichtslosen Situation. Das Gegenteil von Zweifel ist Vertrauen, unser Selbstvertrauen. Ich spreche von gesundem Selbstvertrauen. Hier ist zu unterscheiden zwischen Selbstüberschätzung und Selbstunterschätzung. Wie kannst du es schaffen, dein Selbstvertrauen weiter auszubauen und mutiger zu sein?

Alles, was du tust, um gut für dein inneres Kind zu sorgen und was dazu führt, die Stimme deines inneren Kritikers zu verringern, bildet die Basis, auf der sich dein „fitter Erwachsener“ weiterentwickeln kann. Die strafenden Stimmen in dir und jegliche Verurteilungen von dir selbst gehören zu den kritisierenden Elternstimmen. Diese gilt es zu entmachten. Selbstvertrauen ist eine Eigenschaft, die ein gesunder Erwachsener erworben hat. Es entsteht, wenn du auf die Dauer den inneren Kritiker durch deinen wohlwollenden Supercoach ersetzt, der dich stärkt. Damit kannst du die inneren limitierenden Elternstimmen abbauen und ihnen die Macht über dich entziehen. Ziel ist es, dich selbst zu stärken und deinen niedrigen Selbstwert zu erhöhen.

Eine weitere Möglichkeit ist, dir Dinge vorzunehmen, die du dann auch wirklich tust, um dir dann mit der Zeit mehr selbst zu vertrauen. Am besten suchst du dir etwas, was du sowieso gerne machst, und versuchst dies auszubauen. Mal angenommen, du machst gerne Sport, dann nimmst du dir vor, zweimal die Woche zu sporteln, und hältst das auch wirklich ein. Oder du liebst es zu backen und nimmst dir vor, einmal die Woche einen Kuchen oder Brot zu backen, komme was wolle. Wichtig ist, dass du eine Abmachung mit dir selbst eingehst, die du auch wirklich einhältst. Bei meinem Dauerminus habe ich angefangen, an der Isar langsam zu joggen. Ich bin nicht so die Jogging-Type, Laufen war noch nie meine präferierte Sportart. Doch der Stress wollte raus und Bewegung hilft ja bekanntermaßen. Die Isar, die Kraft des Wassers und das langsame Laufen haben mir Energie gegeben. Danach saß ich immer eine Weile an meinem Lieblingsort, den kleinen

Isar-Wasserfällen in Haidhausen. Als ich das mehrere Wochen getan habe, merkte ich, wie es mich ein wenig stabilisiert hatte.

Nimm dir, das ist wichtig, für den Anfang etwas vor, was dir nicht sehr schwerfällt. Steigern kannst du dich dann immer noch. Wenn dir das gelingt, kannst du dir selbst vertrauen, und damit wächst dein Selbstvertrauen in dich immer weiter. Du wirst feststellen, dass du dich auf dich selbst verlassen kannst. Du realisierst, dass du dir selbst vertrauen kannst, wenn du dir etwas vornimmst, dass du es erfüllst und einhältst. Mit der Zeit hast du dieses Vertrauen auch bei anderen Dingen, die du machen willst, und kannst es auf andere Lebensbereiche generalisieren.

### Meine persönliche Meinung

Wenn wir in Minus-Minus-Phasen sind, ist unsere Perspektive meist eingeengt. Jetzt kannst du sagen: „Und? Wenn es mir schlecht geht, geht es mir halt einfach schlecht. Das ist meine Wahrnehmung. Warum soll ich jetzt meine Sichtweise ändern?“ In die Praxis zu meinem Mann kommen auch manchmal Menschen, die schwer krank sind und eine unheilbare Krankheit wie zum Beispiel Krebs haben und bald sterben müssen. Du kannst dir vorstellen, wie das eine Minus da das nächste einholt. Es ist ja auch furchtbar. Warum sollte man hier seine Sichtweise ändern, sterben tut derjenige ja so oder so, das ist unabdingbar. Stimmt. Wir können in diesem Fall das Ergebnis nicht ändern. Doch es ist einfach günstiger, mit der eigenen Angst besser klarzukommen, eine andere Sichtweise einzunehmen und möglicherweise einen Sinn hinter den Gegebenheiten zu sehen. Es ist einfach besser für uns, wenn wir eine günstige Haltung für uns selbst einnehmen, gerade wenn es sich um Schicksalsschläge handelt, die uns tief emotional berühren. Wichtig ist auch, dass wir unsere Gefühle zulassen und auch verzweifelt und traurig sein dürfen. Doch genauso wichtig ist, dass wir nicht nur dort hängen bleiben und verharren, sondern einen guten Umgang mit der Thematik für uns finden.

Das Leben ist immer ein Auf und Ab. Es wird immer wieder Minus-Einschläge und -Situationen geben. Ich habe dir gezeigt, dass die Minus-Minus-Beispiele etwas gemeinsam haben. Egal, in welchen Lebensbereichen wir darauf schauen, ist meistens Angst der größte Hinderungsgrund unserer Entwicklung. Ja, das Neue könnte nach hinten losgehen. Und ja, das Neue ist unsicher. Entweder gibt es noch kein erstrebenswertes Ziel oder das Ziel ist zu schwach und die Angst zu stark. Mit den Techniken aus dem Schemacoaching kannst du dir deine Ängste bewusst machen und auch auflösen.

Natürlich ist es okay, wenn du bleiben möchtest, wo du bist. Es ist okay, gegen Neues und Change von außen zu sein. Vielleicht kostet dich eine selbstgesteuerte Veränderung einen zu hohen Preis, den du nicht zahlen willst. Auch das ist in Ordnung. Wir sind alle Schnäppchenjäger und gucken, was für uns günstig ist. Wenn du die Situation, auch wenn sie ein Minus ist, beibehalten willst, ist das deine Entscheidung. Doch du hast nur ein Leben – ist es nicht zu wertvoll, um an einem negativen Ort festzustecken? Das gilt für jede Einzelperson und auch für Teams in Unternehmen, die bei etwas festhängen, überfordert sind und nach viel Wandel und einer anstrengenden Zeit im Minus stehen mit ihrer Energie. Da sich Wandel überall abspielt und das Dagegensein viel Energie kostet, gibt es keinen besseren Weg für dich?

Es gibt ihn.

Die große Frage ist doch: Wie schaffst du es, das Minus zu überwinden und ins Plus zu gelangen? Wir kannst du die Kontrolle über dein Leben übernehmen? Wie kannst du dein Team nach langer harter Minus-Zeit ins Plus führen?

Ich habe eine gute und zugleich schlechte Nachricht für dich: Der Einzige, der dich verändern kann, bist du selbst. Das Gute daran ist, dass die Macht bei dir liegt und ich dir mit dem Buch dabei helfe, sie einzusetzen. Das Schlechte daran ist: Du kannst es nicht mehr weiter auf die anderen, auf die Umstände schieben. Ich zeige dir, wie du vom Minus ins Plus kommst und selbst zum Gestalter und Zukunftsmacher wirst, damit wieder mehr Leichtigkeit einziehen kann in dein Leben. Bist du neugierig oder zumindest ein wenig gespannt? Dann freu dich auf das nächste Kapitel.

# 4. Minus-Plus

*„Dein Weg zum Plus beginnt an dem Tag, an dem du zu 100 % die Verantwortung für dein Tun übernimmst."*

Es gibt sie, die Menschen, die die Dinge drehen und das Blatt wenden können. Es widerfährt ihnen etwas Negatives, und sie schaffen es, etwas Positives daraus zu machen. Bei unserem Change-Code heißt das: Auf ein Minus, auf einen negativen Einschlag oder eine längere Minus-Ausgangssituation, folgt ein Plus. Oder sogar: Eine Minus-Folge, eine Minus-Episode nimmt ein positives Ende. Schon die guten alten Stoiker wussten, wie man Schicksalsschläge, Herausforderungen und Krisen als Energiespender nutzt. Insofern bin ich wohl auch ein Stoiker, vielleicht ein spät berufener. Die Frage ist nicht: Warum widerfährt dir Schreckliches? Sondern: Wie handelst du, wenn dir etwas Ungutes widerfährt?

In den ersten vorangegangenen Kapiteln habe ich dir gezeigt, wie du es schaffst, das Minus-Minus zu überleben und dich zu stabilisieren. Jetzt geht es um mehr. Was ist drin für dich, für mich, für uns alle, wenn wir aufbrechen, ausbrechen, Neues wagen? Und wie schaffen wir den Wendepunkt und Aufbruch?

## Raus aus dem Tal der Tränen

Ich beginne wieder mit meiner eigenen Geschichte und schildere dir, wie ich verschiedene Veränderungen gemeistert habe. Im nächsten Schritt zeige ich dir anhand von Beispielen meiner Klienten und Kunden, wie wir den Change am Arbeitsplatz besser bewerkstelligen können.

Mein spätes Bekenntnis zu den Stoikern rührt aus dem Ende der Geschichte meiner Dauerabwärtsspirale bei meinem Job, bei dem meine Träume gestorben waren. Der Arbeitgeber mit den vier Buchstaben, du weißt schon. Ich war krank, zu Hause, kraftlos – und irgendwann machte es „klick". Na ja, nach knapp zehn Jahren in einer unbefriedigenden Tätigkeit, in denen ich zugegeben auch nicht gerade meine Hochleistungsphase hatte. Jemand, der im Minus ist, kann aber auch nicht in seiner Stärke und daher nicht in seiner Best Performer Phase sein. In unserer aller Interesse, im Interesse der Wirtschaft, der Unternehmen, der Teams, der einzelnen Personen sollte uns dann daran gelegen sein, dies zum Plus zu shiften, oder? Wie das geht für dich als Einzelperson und auch für Unternehmen, Abteilungen und Teams, das zeige ich hier.

*„Sei du selbst, die anderen gibt es schon", sagte Oscar Wilde. Doch mir war gar nicht klar, wer ich war und was ich wirklich wollte. Leider gibt es ein solches „persönliches Entdeckungs- und Findungsfach" weder in der Schule noch in der Uni. Mein Tänzerdasein war vorbei, als mein Sohn geboren wurde, und ich dachte, Juristin sei meine einzige Berufung, aus die Maus. Irgendwie schien das Arbeitsleben keine Flow- und High-Momente für mich reserviert zu haben.*

*Bei mir ging die Story in Deutschlands größtem Automobilclub dann so aus: Schon im Jurastudium interessierte mich mehr, was in den Köpfen von Straftätern vor sich geht, als die Paragrafen. Folglich war eines klar: Nein, ich wollte nicht noch Psychologie studieren, ich wollte mich aufmachen in die Welt des Coachings. Zunächst berufsbegleitend wurde ich systemischer Coach – eine Ausbildung, die ich jedem nur empfehlen kann, auch im Hinblick auf die Führung von Mitarbeitenden. Auf meinem absoluten Tiefpunkt hatte ich mir auch Unterstützung von einer Therapeutin geholt. Das war mehr als notwendig gewesen, denn ich hatte den Höhepunkt meiner persönlichen Abwertung erreicht: Während einer Veranstaltung, bei der der damalige Generalsyndikus-Anwalt sich nach dem gelungenen Event vom Podium aus bei mir und meinen beiden Kolleginnen vom Planungsteam bedankte mit den Worten, wir seien „gerade gewachsene Katzen". Ja, du liest richtig. Wirklich, er bedankte sich bei den „drei gerade gewachsenen Katzen" für die tolle Organisation und nannte unsere Namen. Er fand das wohl toll. Anwesend waren circa 40 Juristen und Anwälte männlicher Natur plus wir drei. Nach miau war mir nicht zumute, ich war sprachlos, einer der wenigen Momente in meinem Leben, in denen mir nichts einfiel, was ich hätte entgegnen können. Zu dem Zeitpunkt dämmerte mir, dass meine Karriereleiter wohl an der falschen Wand stand. Doch bis ich neue Wege gehen konnte, sollte es noch ein wenig dauern.*

*Nur langsam schälte ich die Zwiebel und ich erkannte – manchmal auch unter Tränen, wie das mit Zwiebelkontakt so ist –, dass es auch eigene Anteile bei mir gab, warum ich so lange auf der Stelle verharrt war. Ich war wirklich sehr tief gefallen in dieser Zeit und dann gab es diesen Moment, nachdem ich mir mein Verhalten, meine Minus-Phase bewusst gemacht hatte, wo ich es akzeptierten konnte. Das war ein magischer Moment. Ich akzeptierte, dass ich da nicht hinpasste. Ich akzeptierte meine negativen Auswirkungen, Emotionen, Ängste und meine Stimmen in mir. Man braucht wirklich nicht viel Menschenkenntnis, um zu erkennen, dass ich da falsch war, doch ich sah lange den Wald vor lauter Bäumen nicht.*

*Ich machte mich auf den Weg, den inneren Kritiker, die unliebsamen Stimmen in mir zu entmachten. Dabei habe ich mir meine alten Glaubenssätze bewusst gemacht und diese durch neue, günstige ersetzt. Statt „Schuster bleib bei deinen Leisten" habe ich mir gesagt: „Du darfst dich entfalten" und „Wer sagt, dass ein Arbeiterkind keine Unternehmerin sein kann?". Ich habe mir Gründer und unternehmerisch denkende Menschen als Vorbilder und Identifikationsfiguren gesucht. Ich hatte eine sehr wertschätzende Lehrerin und Mentorin, die mich bei meinem Vorhaben auch mental unterstützte. Ich entschied mich bewusst dazu, mich nicht mehr im Job unterzuordnen und zu fügen. Ich würde eigene Wege gehen. Das nahm ein wenig Zeit in Anspruch, denn die alten Muster saßen ziemlich fest. Ein weiteres Zeichen, dass du in einem Muster gefangen bist, ist, wenn es alle erkennen, nur du selbst nicht.*

Die Arbeit an den unliebsamen Bewältigungsstrategien kann für jeden von uns anders aussehen. Nehmen wir Shirin, die mit Sport flieht. Hier braucht es eine Entscheidung, es anders zu versuchen und Sport im gesunden Maß auszuüben. Auch Martin, der seinen Frust mit Alkohol wegschwemmt, kann entscheiden, eine Zeit einmal gar nichts zu trinken und einen anderen Umgang zu finden. Wenn wir Kai nehmen, der aus Angst, eine Präsentation halten zu müssen, krank wird, ist die Lösung, auch hier eine Entscheidung zu treffen, in die Angst zu gehen und die Präsentation zu halten. Der überkompensierende und eher zwanghafte Chef, der im Change alles kontrollieren will, kann, wenn er es erkennt, sich bewusst dazu entscheiden, seinen Leuten mehr Freiraum zu geben und diese mehr zu beteiligen und bewusst mehr zu vertrauen.

Welche inneren Stimmen halten dich davon ab, neue Wege zu gehen? Wem gehören sie? Sind das wirklich deine? Wie kannst du sie dir erst einmal bewusst machen, akzeptieren, dass sie da sind, um sie dann zu entmachten und gut loszulassen? Welche positiven Stimmen kannst du dagegensetzen?

Wenn ich Menschen coache, weiß ich, wie es sich anfühlt, falsch zu sein, nicht in seiner Kraft zu sein, nur zu funktionieren. Ich verstehe aus eigener Erfahrung, wie es meinen Klientinnen und Klienten geht, und weiß aber auch, dass es immer Licht am Ende des Tunnels gibt, wenn wir es wirklich wollen. Genauso ist es bei Veränderungen in Unternehmen, auch hier wird das Alte oft zu lange festgehalten und darauf beharrt, auch Firmen stecken oft fest.

### Die Magie der Akzeptanz

Akzeptanz entfaltet ihre Macht, wenn du die Dinge annimmst, wie sie sind. Das heißt nicht, dass du dafür bist oder sie gar gut finden musst. Es geht nur darum, dass es okay ist, wie es ist. Damit nimmst du den Druck raus. Wenn du gegen etwas bist, kannst du es nicht loslassen. Dagegensein schafft immer Druck.

Für mich war es ein großer Schritt zu akzeptieren, wie ich bin, wie ich mich fühle. Ich hatte mich auch für mich selbst geschämt, weil ich mein Leben nicht besser hinbekommen habe. Im Rahmen der Therapie habe ich gelernt, dass ich mir wegen meiner negativen Gefühle keine Vorwürfe zu machen brauche, dass Schuld kein Thema ist. Schuld und Scham sind wie ein Klebstoff, die die negativen Aspekte an dir haften lassen. Mich mit meinen Schwächen zu akzeptieren, das war ein großer Schritt. Es hat mich auch sehr traurig gemacht, ins Tal der Tränen gebracht, doch nach dieser Trauer konnte ich wieder nach vorne schauen und neue Wege gehen.

Und ich habe erkannt, dass Selbstwert und Eigenverantwortung dabei eine große Rolle spielen. Eigenverantwortung heißt, sich wichtig zu nehmen und selbst ins Tun zu kommen. Auch wollte ich herausfinden, wo ich meinen Beitrag auf der Welt leisten und Nutzen stiften kann.

> *Das Coaching war „mein Ding", und wenn mich etwas interessiert, bleibe ich dran. Ich konnte endlich wieder ein Flämmchen der Leidenschaft entfachen, ich war wieder bereit zu lernen. Ich konnte meine Big54Change wieder anzapfen. Diese Begeisterung hielt an und half mir, diszipliniert durchzuhalten und weiterzumachen. Ich hatte neue attraktive Ziele. Nach dem systemischen Coach folgte der Mental-Coach und der Schemacoach. Und, es gibt ja auch noch die Anwältin, die alles genau verstehen will, also folgte ein Zweitstudium, ein Master of Arts in Wirtschaftsmediation. Im Gegensatz zu meinem unerfreulichen Jurastudium, das ich mit Ach und Krach bestanden hatte – na ja, um ehrlich zu sein, bin ich das erste Mal sogar durchgefallen –, schloss ich meinen Master brillant mit einer Eins ab. Die Sonnenblume fand so langsam ihre Spielwiese und die welken Blätter richteten sich auf.*

Also ja, wir können das Minus drehen und uns ins Plus begeben. Im Endeffekt hatten die Erfahrungen im Automobilclub und die ganzen daran hängenden Veränderungen im Nachhinein doch viel Gutes. Nun ja – der Zeitraum der Leidens- und Lernphase hätte kürzer sein können. Wenn wir zu lange an Dingen festhalten, die uns nicht guttun, macht das die Drehung zum Besseren schwerer.

Warum war es am Ende gut: Weil es so schlimm war, dass mir nichts anderes übrigblieb, als nach dem „Friss oder stirb"-Prinzip zu handeln – ich habe lange ausgehalten und war eher geschwächt. Dann war es so weit, die Dringlichkeit für mich zum Handeln war da, ich wusste, jetzt oder nie.

Oft erlebe ich Menschen, denen es so lala geht, denen ihr Leben zwar keinen richtigen Spaß macht, das aber auch nicht ganz schlimm ist. Dann ist es manchmal viel schwerer, neue Schritte zu gehen und loszulassen und seinen eigenen Einflussbereich zu erkennen.

Ich bin mit all meinem Mut neue Schritte gegangen. Hier kommt also der Faktor Mut ins Spiel. Ich hatte große Angst vor der Zukunft. Der Change war gravierend: Ich habe nicht nur den Job, sondern auch die komplette berufliche Ausrichtung gewechselt. Coaching schien auch keine sichere Variante zu sein, Coaches gab es wie Sand am Meer. Damit ein Business zu gründen und davon zu leben, das machte mir Gänsehaut. Mein Sohn war noch in der Schule, alles wollte finanziert werden. Doch weißt du was – auch erfolgreiche Menschen haben Riesenängste, doch sie tun es trotzdem. Ich sprang ins kalte Wasser. Ich hatte ein Ziel, und es war attraktiv.

Ohne die Akzeptanz des Alten hätte ich mich nicht auf Neues einlassen können. Damit war das Loslassen des Alten möglich – Big54Change Nr. 3 konnte sich entfalten. Die guten Dinge, Erlebnisse und Ressourcen konnte ich in meinem Herzen und in meiner Erinnerung lassen und parken. Ich hatte die Hände und den Kopf frei und auch mein Herz suchte nach meiner wirklichen Berufung und Stärke. Einiges konnte ich auch weiterhin anwenden, wie die Sprechertätigkeit und das, was ich im alten Job gelernt hatte. Mutig sein heißt nicht, keine Angst zu haben. Auch wenn ich an meinen Ängsten gearbeitet hatte, waren sie dennoch da. Raus aus dem sicheren Unternehmen, rein in ein neues Abenteuer. Ich bin gesprungen und das Wasser war gar nicht so kalt. Mit ein paar Schwimmzügen kam ich an neue interessante Ufer.

Wir müssen vorab auch akzeptieren, dass das Alte uns nicht weiterbringt und dass Veränderungen nun notwendig und unausweichlich sind. Ein Ritual zum Loslassen des Alten ist sehr hilfreich; und dazu gehört es, auch das anzuerkennen, was in all dem Schlechten gut war. So fällt der Abschied leichter. Dein Big54Change „Loslassen" ist hier gefragt: Ohne Altes loszulassen, kannst du nichts Neues starten. Das ist bei jeder Veränderung so und gilt sowohl für Einzelpersonen als auch für Teams in Unternehmen.

Wenn du nicht gehen willst, dann kann sich das Loslassen in ein Zulassen wandeln. Ich lasse es zu, wie es ist, lege aber keinen weiteren Fokus darauf. Das erlebe ich oft in Teams, wenn ein „fauler Apfel" dabei ist. Wenn alle Versuche gescheitert sind und du als Chef nicht weiterkommst und dazu die Kündigung quasi ausgeschlossen ist. Wenn Love it und Change it nicht funktioniert, dann geht's auf das Leave it – im Sinne von: Lass zu und los, was du nicht ändern kannst. Setz nicht deinen Fokus darauf.

### Akzeptanz tut weh

Egal ob als Mitarbeitende oder betroffene Führungskraft, eines steht fest: Akzeptanz tut weh. Wir stellen uns der Situation, unseren Sorgen und Ängsten, sehen die Dinge, wie sie wirklich sind. Das führt zu

Stress und Anspannung. Erinnere dich an die drei Reaktionsmuster: Wenn Stress durch unsere Trigger ausgelöst wird und wir in unsere Bewältigungsmuster verfallen, sind wir nicht mehr aufmerksam. Angst macht die Atmung schneller. Angst lässt uns nicht zuhören. Anspannung vermindert unsere Wahrnehmung. Im Kampfmodus sind wir angespannt und auch bei den beiden anderen Strategien Flucht und Totstellen sind wir nicht entspannt. Wir nehmen weder andere noch uns selbst richtig wahr. Alles verkrampft sich. Diese Veränderungen können sich auch körperlich zeigen. Bauchschmerzen, Bluthochdruck, Hautausschlag, Kopfschmerzen. Hier hilft Stabilisierung und Selbstfürsorge. Ausdauersport, Bewegung in jeglicher Form, Joggen, den Hometrainer nutzen und auch Entspannungsübungen. Hier hilft es uns, den fitten Erwachsenen zu stärken – er ist unser Guide hinaus ins Plus.

Fünf Sekunden die Luft einatmen und kurz anhalten und dann acht Sekunden wieder ausatmen – das wirkt schnell entspannend. Nimm dir jeden Tag ein paar Minuten für dich und tu dir etwas Gutes, wenn unangenehme Veränderungen stattfinden. Übe das „**Embodiment**"[17] – eine Technik, die mir auch sehr geholfen hat. In besonders stressigen Situationen ist unser Körper die Brücke und der schnellste Weg zur Verbesserung. Beim Embodiment gibt es drei entscheidende Phasen.

Schritt 1: Bewusstsein – Wenn du gestresst bist, versuch den Druck in deinem Körper zu lokalisieren. Du weißt, Anspannung reduziert unsere Wahrnehmung für uns selbst und für andere. Wie kann der Druck weichen? Mach dir die Anspannung bewusst.

Schritt 2: Akzeptanz – Akzeptiere, was ist. Du musst es nicht gut finden oder bewerten.

Schritt 3: Magic Switch – die Wendung. Richte dich wieder in eine gute Haltung auf. Das kannst du im Sitzen oder im Stehen machen. Wie das aussieht, kannst du hier sehen.[18]

## Ursachenforschung

Durch die Akzeptanz und meine Selbstannahme wurde mir mit der Zeit so einiges klar: Wenn mich etwas ärgert, deprimiert oder verletzt, dann liegt das nicht oder zumindest nicht nur am Verhalten des anderen, das ist meistens nur der Auslöser. Die Ursache liegt in mir selbst. Etwas von dem Verhalten des anderen ist in mir selbst vorhanden, und genau das geht durch das Verhalten der anderen Person in Resonanz damit. Es ist daher nicht günstig, mich über das Verhalten des anderen zu ärgern oder mich davon hinunterziehen zu lassen. Viel günstiger für meine Entwicklung ist es, diese Eigenschaft in mir aufzulösen, damit sie bei nächster Gelegenheit nicht wieder damit in Resonanz geht.

Zuerst brauchen wir das Bewusstsein, das zu erkennen und dann auch anzuerkennen, und dann können wir an die Veränderung gehen. Damit sind wir in der Eigenverantwortung. Und das gibt uns auch die Macht, etwas zu verändern. Auf Verhaltensweisen von anderen haben wir keinen Einfluss bzw. wir können uns nur dahin entwickeln, dass wir frei davon werden und nicht mehr damit in Resonanz gehen.

In meiner Minusphase war mein Selbstbewusstsein nicht sehr ausgeprägt – auch wenn es nach außen vielleicht gar nicht so aussah. Ich habe mir nicht erlaubt, wichtig zu sein und einen für mich guten Weg zu gehen. Prompt bekam ich immer wieder Angriffe auf mein Selbstbewusstsein und auf meinen Selbstwert, was mich weiter runtergezogen hat. Ein Freund hatte mich damals sogar als „Fass ohne Boden" bezeichnet. Damit meinte er, dass nichts Gutes liegen blieb und das Fass sich nicht füllen konnte, egal, was ich auch an positiver Resonanz bekam. Meine Aufgabe war es daher in erster Linie, das Selbstbewusstsein wieder aufzubauen, wieder Vertrauen in mich zu haben, damit neue Wege auch wirklich gelingen konnten. Mein inneres Kind wollte heilen und es ist langsam geheilt. Schritt für Schritt, natürlich gab es auch Rückschläge. Rückschläge sind normal bei Veränderungen.

Du bist nicht deine Angst, deine Angst ist, wenn überhaupt, ein Teil von dir. Versuch dein inneres Kind bewusst von deinem Erwachsenen zu spalten. Das innere Kind will gehegt und gepflegt werden. Dein fitter, innerer Erwachsener regelt das, und hier ist eine klare Rollenverteilung notwendig. Die Ängste deines inneren Kindes lassen sich nur durch Handeln überwinden und nicht durch Vermeidung, Flucht oder Kampf. Tu dir Gutes und kümmere dich aktiv um dein inneres Kind. In der Psychologie gibt es den Begriff „Containing": Wenn ein Neugeborenes schreit, nimmt es die Mutter auf den Arm und beruhigt es mit Worten und auch körperlich, indem sie es hin- und herwiegt. Damit nimmt sie dem Kind die Schmerzen ab und reinigt es davon sozusagen. Auch wenn das Baby noch weiterhin Stress hat, durch diese Reinigung und Zuwendung fühlt es sich geborgen und versorgt. Genau das solltest du mit deinem inneren Kind machen: Kümmere dich liebevoll darum und tu ihm Gutes. Wende dich ihm liebevoll zu. Das stabilisiert dein inneres Kind.

Wenn du zur ganz harten Truppe gehörst und deine innere Stimme sagt, du habest kein Recht, dich hier auf der Welt zu verwirklichen und dein Ding zu machen, dann lade ich dich ein, dir dich als Kleinkind vorzustellen, das neugierig ist und die Welt erkundet. Hat dieses Kleinkind kein Recht auf lebendige Selbstverwirklichung? Darf es nicht neugierig lernen? Du wirst ein wenig Geduld mit deinem inneren Kind benötigen, doch es wird sich ganz sicher lohnen.

## Die vier Phasen der Veränderung

Es gab vier Phasen, durch die ich im Rahmen meiner Veränderung gegangen bin.

### Die Verneinung

Wenn negative Ereignisse dauerhaft vorhanden sind, wenn wir in der Minusspirale sind, dann verneinen wir zunächst das Ungewisse, das Neue, die Veränderung. Diese Verneinung kann vielerlei Gesichter zeigen. Ich habe es fast zehn Jahre verneint, dass ich am falschen Platz war. Ich wollte es nicht wahrhaben. Wir funktionieren und reagieren in den uns bekannten Abwehrmustern. Meine Bewältigungsstrategie waren Unterordnung und Flucht. Ich funktionierte und dachte, ich könne das eh nicht ändern. Ich bin meinen inneren Elternstimmen gefolgt und habe mich kaum noch gespürt. Damit habe ich die ungute Dauersituation verdrängt und verneint, um den Schmerz nicht zu spüren. Dann wurde mir irgendwann bewusst, dass es so nicht weitergehen kann. Ich hatte ja schon beschrieben, dass es mir schlecht ging, doch weggehen war keine Option.

### Die Akzeptanz

Nach dem Bewusstsein kamen die Akzeptanz und die Einsicht. Erst als ich es eingesehen und auch akzeptiert habe, dass ich dort nicht aufblühen konnte, und meine negativen Emotionen und auch Trauer zuließ, kam ich wieder aus dem Tal der Tränen. Die Durchquerung des Tals der Tränen hat ziemlich lange gedauert. Mit der Akzeptanz hatte ich einen wichtigen Schlüssel in der Hand.

### Der Aufbruch

Ich konnte die Stimmen in mir entmachten und habe meine eigene Verantwortung übernommen. Damit konnte sich etwas Neues öffnen. Erst dann kam der Tipping Point, der Wendepunkt, und ich konnte aussteigen, meinen Weg gehen und war bereit, Neues auszuprobieren. Das Bewusstsein und die Akzeptanz, die erst im Kopf und dann emotional stattgefunden hatten, machten den Aufbruch ins Neuland überhaupt erst möglich. Ich musste mich aus der ausweglosen, hilflosen Lage befreien, um zu gestalten und Einfluss zu nehmen. In diesem Rahmen habe ich mir die Frage gestellt: Wo gibt es Spielraum, wenn auch nur kleinen? Wer kann mich auf diesem Weg stärken und unterstützen und hat Werte, die mit meinen zusammenpassen?

Wichtige Knackpunkte und Fragestellungen waren für mich:

- ◇ Handle ich im „fitten Erwachsenenmodus“ oder werde ich von inneren, kritischen Stimmen angetrieben?
- ◇ Kann ich ungünstige Bewältigungsstrategien erkennen und vermindern?
- ◇ Habe ich einen guten Kontakt zu meinem inneren Kind und meinen Bedürfnissen?
- ◇ Gibt es für mich eine Dringlichkeit zu handeln?
- ◇ Welches Ziel ist attraktiv für mich?
- ◇ Wo kann ich meine Stärken leben?
- ◇ Wofür mache ich diese Veränderung?
- ◇ Welche Werte sind mir wichtig und wo kann ich diese ausleben? Welche Werteallianzen kann ich pflegen?

Mein Ziel war es, Menschen als Coach und Trainerin in der Persönlichkeitsentwicklung zu unterstützen.

### Der Erfolg

Wenn wir das Neue in unser Verhaltensrepertoire integriert und verfestigt haben, dann erzielen wir positive Ergebnisse und Wirkung. Ich habe mich neu erfunden, quasi erneuert, und bin neue und spannende Wege gegangen. Dann kam der Erfolg. Genau so funktionieren Veränderungen bei Menschen und mit Menschen in Unternehmen.

## Change in Unternehmen und am Arbeitsplatz

Die Phasen, die ich oben in meinem Beispiel beschrieben habe, treffen auf jegliche Veränderungen zu. Wenn wir das verstehen, verstehen wir uns selbst besser und unsere Reaktionen. Lass uns diese klassischen Phasen, die ursprünglich Elisabeth Kübler-Ross[19] in der Trauerarbeit entwickelt hat und die ich vereinfacht habe, genauer anschauen.

Blicken wir genauer auf die vier großen Phasen der Veränderungskurve anhand von Beispielen, die uns alle betreffen, wie Krisen oder Change beim Arbeitgeber, in unseren Unternehmen.

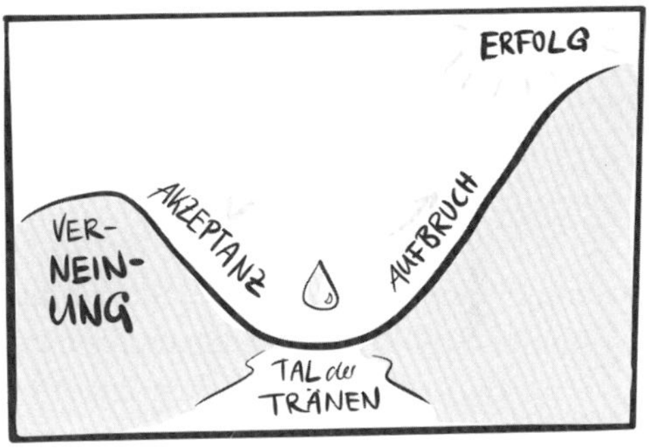


### Die Phasen der Veränderung im Job

**Die Verneinung**
Jede Veränderung beginnt mit der Verneinung. Nehmen wir als Beispiel die Corona-Pandemie. Wir wollten es anfangs nicht wahrhaben, dass das ein globales Problem werden würde. Wir verhielten uns in unseren klassischen Mustern. China war gefühlt weit weg. Wir glaubten, Deutschland habe das bessere Gesundheitssystem, wir würden verschont. Als die Pandemie in Italien angekommen war, dachten wir immer noch, der Kelch würde an uns vorübergehen. Wenn auch schon mit einem mulmigen Gefühl und nicht mehr ganz so überzeugt.

**Die Akzeptanz**
Der erste Lockdown kam und mit ihm die Einsicht, dass die Pandemie unabwendbar war. Wir haben akzeptiert, dass sie uns auch traf. Zuerst vom Kopf her: „Okay, wir müssen damit umgehen. Wir haben es verstanden." Dann kam die emotionale Einsicht. Es tat weh. Menschen starben. Viele Firmen kämpften ums Überleben. Mitarbeiter gingen in Kurzarbeit. Wir waren angelangt im Tal der Tränen. Dann schien irgendwann ein Licht am Horizont.

**Aufbruch und Erfolg**

Wir gingen neue Wege, setzten uns mit dem Homeoffice auseinander und konnten dem Ganzen sogar etwas Gutes abgewinnen. Keine Reisezeiten mehr. Die Zusammenarbeit über Städte hinaus ging online prima. Wir gewöhnten uns an das Neue und viele von uns konnten wieder erfolgreich sein. Dann ging das Ganze im Herbst und Winter wieder von vorne los. Die Change-Kurve kann sich natürlich wiederholen.

Am Arbeitsplatz werden wir auch mit viel Change konfrontiert. Die Veränderungskurve gilt genauso für jeglichen Wandel in Unternehmen. Darunter fallen schwierige Personalentscheidungen verbunden mit Personalabbau, Kündigung, Aufhebungsvertrag und Ähnlichem oder auch neue Arbeitssituationen, wenn zum Beispiel zwei Abteilungen zusammengelegt werden. Hier gelten die Phasen genauso, ebenso bei Fusionen oder der Einführung einer neuen IT. Mitarbeiter durchlaufen diese Phasen mit einer stärkeren oder schwächeren Intensität und Dauer, je nach eigener Konstitution und persönlicher Beurteilung.

### Veränderungen aus der Chefetage

Werfen wir einen Blick auf Veränderungen, die von Vorgesetzten gesteuert werden und was hier im Bereich Mitarbeiterführung relevant ist. Das ist auch für dich als Mitarbeiter oder Mitarbeiterin interessant, so kannst du deine Führungskräfte besser verstehen und deine Reaktionen ins System des Unternehmens einordnen.

Change-Projekte werden in der Regel von der Geschäftsleitung gesteuert, von den Führungskräften, sei es eine neue strategische Ausrichtung, der Umgang mit einer Krise oder mit veränderten Marktbedingungen. Was passiert bei solchen Veränderungen?

Wenn im Top-Management Veränderungen beschlossen werden, erfahren die Mitarbeiter in der Regel erst viel später davon. Daher wird die Change-Kurve asynchron durchlaufen. Schwierig wird es, wenn Manager zum Beispiel bei einer Restrukturierung aus dem Tal bereits heraus und schon im Aufbruch sind und völlig unverständlich auf die Mitarbeitenden blicken, die noch mitten in der Verneinung feststecken. Manchmal hängen sich die Führungskräfte, die ich gecoacht habe, die Change-Kurve auf, um zu checken, wo sie stehen und wo ihre Kollegen oder Mitarbeiter sich befinden.

Wenn eine Veränderung, wie zum Beispiel der Klassiker „neue IT“ oder „die vierte IT in Folge“, in einer Firma implementiert wird, wie geht es den Mitarbeitenden? Die Geschäftsleitung sieht diesen Change natürlich als positiv und notwendig. Dazu zählt auch eine Fusion, ein neuer Prozess, ein neues System.

Hier gibt es eine Faustformel: Normalerweise sind 20 Prozent der Mitarbeitenden motiviert, wenn nicht sogar begeistert dabei, 40 Prozent sind neutral und 40 Prozent sofort im Widerstand. „Schon wieder eine Fusion, ach nein, bitte nicht.“

Die „Neutralen“ dürfen nicht auch noch verloren werden, sonst sind 80 Prozent der Belegschaft im Widerstand.

**Der Widerstand**

Ich begleite viele Unternehmen bei Veränderungen, und wenn der Wind of Change im Unternehmen weht, klopft meist der folgende Geselle bei den Betroffenen an die Tür: der Widerstand. Widerstand ist oft eine Bewältigungsstrategie für Angst. Menschen haben Angst vor Veränderungen, sie wehren sich dagegen, und zwar passiv und aktiv.

Wenn sich Widerstand bei den Mitarbeitenden, in den Teams breitmacht, ist eines wichtig: die Nr. 5 der Big54Change, die Haltung der Führungskraft.

Wenn du Führungskraft bist und Menschen durch die Change-Kurve führen willst, ist folgende Haltung sehr hilfreich: Es gibt keinen Widerstand ohne Grund. Warum ist das hilfreich? Mit dieser Haltung darf der Widerstand sein. Es ist okay. Das entlastet die anderen, wenn etwas sein darf. Wenn du diese Haltung einnehmen kannst, ist ein guter Schritt getan.

Dann ist Folgendes wichtig: Widerstand ist nicht gleich Widerstand. Es gibt hier unterschiedliche Formen. Ich spreche jetzt bewusst den Widerstand von Mitarbeitenden an. Wenn du Chefin oder Chef bist, kann dir das enorm in der Führung helfen. Wenn du Mitarbeiter oder Mitarbeiterin bist, kannst du dich reflektieren und besser kennenlernen.

- **Die erste Form des Widerstands: #Ich kann nicht.**
  „Etwas Neues kommt und ich habe es noch nie gemacht. Ein neues IT-System, neue Software – nee, das kann ich nicht. Unsere Abteilung wird aufgelöst, wir bekommen neue Kollegen. Wie sollten wir das angehen?“ Hier geht es darum, Kompetenzen aufzubauen, zu schulen, zu entwickeln, zu unterstützen. Diese Form ist nicht so schwierig aufzulösen, wenn auf die Bedürfnisse der Mitarbeitenden eingegangen wird. Dann kann das „Ich kann das nicht“ überwunden werden.

- **Die zweite Form des Widerstands: #Ich will nicht.**
  Das ist schon etwas schwieriger. Hier geht es etwas emotionaler zu. Wenn jemand etwas nicht will, kann Angst dahinterstecken oder die Person kann auch einfach keine Lust dazu haben. Du kennst bestimmt das Buch „Der Vorleser“, dort ist die Hauptperson lieber ins Gefängnis gegangen als zuzugeben, dass sie nicht lesen kann. Aus „Ich kann nicht“ kann auch schnell ein „Ich will nicht“ werden. Führungskräfte und Betroffene sollten hier sehr aufmerksam sein und wirklich herausfinden wollen, warum der andere das nicht will.

- **Die dritte und schwerste Form des Widerstands: #Ich will dich nicht.**
  Hier ist das Vertrauen weg, es gibt verbrannte Erde zu einer Person. Du als Führungskraft bist „verbrannt“. Deine Leute glauben dir nicht mehr so ganz, und das kann fatale Folgen haben. Vertrauen aufzubauen ist nicht so leicht, es kann aber schnell zerstört werden.

### Die Erscheinungsformen des Widerstands

Widerstand kann offensiv oder passiv ausgeübt werden. Anhand der drei Reaktionen aus dem Schemacoaching, Freeze, Flight oder Fight, können wir ihn im Unternehmen unter den Mitarbeitenden ausmachen.

**Freeze:** Bei der dritten neuen IT in Folge könnte das so aussehen, dass der Mitarbeiter resigniert und sich unterwirft, aber immer demotivierter wird. Er denkt, alles habe sich gegen ihn verschworen, die Welt meine es schlecht mit ihm. Seine Leistungen werden schwächer, obwohl er sich nach außen hin gar nicht zu beschweren scheint. Diese Art des Widerstands ist gar nicht so einfach zu erkennen. Die Mitarbeiterin macht, was man ihr sagt, aber halbherzig und frustriert. Der Leistungsabfall geschieht langsam.

**Flight:** Eine Fluchtstrategie bei Mitarbeitenden im Unternehmen könnte so aussehen: Die neue IT wird mehr oder weniger ignoriert und andere Dinge werden vornehmlich bearbeitet. Der Mitarbeiter flieht vor der realen und bedrohlichen neuen IT in eine gewohnte Arbeitsaufgabe und legt dort seinen ganzen Fokus darauf. Auch diese Strategie erfordert Fingerspitzengefühl zum Erkennen, denn die Aufgaben werden ja eifrig erledigt, nur ein Teil übergangen.

**Fight:** Wenn es beim Unternehmens-Change zu einem Kampfmodus kommt, stellt sich die Mitarbeiterin konkret gegen die Neuerung und ist einfach dagegen, argumentativ und in ihrer ganzen Haltung. Das Nicht-Wollen wir klar nach außen kundgetan. Das ist ein aktiver Modus, der nicht zu übersehen ist. Den Kampfmodus kann man als Führungskraft am einfachsten erkennen. Der Widerstand hier ist offensichtlich.

### Der Tanz mit dem Widerstand

Die Frage ist, wie dem Widerstand aus der Mitarbeiterschaft oder aus dem Kollegenkreis begegnet werden kann, wie kann er transformiert werden?

Ich beobachte oft, dass die Strategie der Führung bei Widerstand „weg von“, also weg von den leidtragenden Mitarbeitenden ist, anstatt „hin zu“ den Betroffenen. Denn mit dem „weg von“ wird es nur noch schlimmer. Wenn wir wissen, dass Widerstand eine Bewältigungsstrategie für Angst ist und prinzipiell keine böse Absicht, können wir reagieren. Das erfordert eine Auseinandersetzung mit den Mitarbeitenden und der Ausprägung des Widerstands. Menschen haben Angst vor Veränderungen. Und über Angst habe ich schon geschrieben. Wenn wir wirklich verstehen, warum Menschen im Widerstand sind, können wir Einfluss nehmen. Das gilt für Führungskräfte genauso wie für Mitarbeitende, auch genauso im Privatleben. Dann haben wir eine Wahl. Rick Maurer[20], amerikanischer Change-Berater und Autor, nennt das eine „Tanzlektion". Ich mag das Bild, den Tanz mit dem Widerstand. Wir können den Widerstand nur dann beeinflussen, wenn wir gewillt sind, auch von den Widerständigen beeinflusst zu werden. Das ist keine Einbahnstraße und bedeutet, dass wir auch bereit sind, Sicherheit aufzugeben. Widerstand hängt immer von etwas ab. Es gibt keine geborenen Widerständigen. Menschen reagieren in Antwort auf etwas, was wir getan haben oder tun. Damit ist es eine Bewegung nach vorne und dann wieder nach hinten, wie ein Tanz von zwei Partnern. Führen und Folgen im Wechsel. Nur so kann Transformation gelingen.

Es ist gleichzeitig einfach und kompliziert, da natürlich auch Führungskräfte und das Top-Management von Veränderungen betroffen sind. Führungskräfte haben doppelt zu kämpfen, mit sich selbst und der Verarbeitung der Veränderung und dann noch als überzeugende Anführende in ihren Teams. Selbstführung und damit der gute Umgang mit dem inneren Team wird wichtiger denn je für jede Führungskraft und natürlich auch für alle Mitarbeitenden.

## Wenn die nächste Veränderung einschlägt: Knackpunkte für deinen Change

Das Leben schreibt die besten Geschichten, nein, wir schreiben sie selbst. Es gibt noch eine zweite Geschichte von mir. Mein eigener Change aus dem unpassenden Job war erfolgreich, und dennoch bin ich nicht vor den üblen Auswirkungen anderer Veränderungen gefeit. Wandel kann immer auf uns einprasseln.

> *Als ich mit Ende 40, nachdem ich viele Jahre als Beraterin und Coach in namhaften Unternehmen tätig war, mein Unternehmen gegründet hatte, blieb auch ich von der Corona-Krise nicht verschont. Es lief richtig gut, bis zum 13.3.20, dem Black Corona Friday. Denn da kam der 1. Lockdown. Nichts ging mehr vor Ort beim Kunden. Schlecht für eine Speakerin und Coach, die bislang f2f gearbeitet hatte.*
>
> *Dieser Kriseneinschlag war eine absolute und andauernde negative Situation für mich und damit ein großes Minus von außen. Für mich wie sicher für viele andere auch war es keine schleichende Krise, es war*

*nicht absehbar, dass sich in meinem Business alles verändern würde, der Change kam von heute auf morgen, knallhart. Ich reagierte mit einer negativen Ausrichtung und kam ins Minus in der Zukunftssituation. Plötzlich arbeitslos, keine Keynotes und Workshops mehr persönlich. Ich bedauerte mich. Ich wollte es nicht wahrhaben. Ich war in vollkommener Ablehnung und Verneinung.*

*Und da waren sie wieder, die Ängste: „Wärst du nur im sicheren Job geblieben … Hoffentlich kippt mein Business nicht und ich muss Hartz IV anmelden." Meine Bewältigungsstrategie gegen meine Angst war die Flucht, und zwar in den Sport; ich versuchte so zu kontrollieren, was nicht zu kontrollieren war. Fitness, laufen, auf den Berg. An sich nicht schlecht, doch zu viel des Guten ist auch nicht gut. Es war ein wenig zwanghaft. Dazu saugte ich alles in den aktuellen Medien auf mit dem Smartphone, das immer geduldig und griffbereit neben mir lag – was definitiv nicht zu einer besseren Laune führte. Auch ich stürzte ins Tal der Tränen, als die Krise eingeschlagen war.*

*Nach dieser großen Traurigkeit folgte die Akzeptanz. Ich war angekommen am Tiefpunkt. Ich musste erkennen: „Es ist, wie es ist. Es gibt jetzt keine öffentlichen Keynotes. Ich kann das, was ich liebe, erst einmal nicht tun." Das zu akzeptieren, war schwer für mich. Es brauchte ein wenig, doch mit der Akzeptanz kam die Flexibilität zurück, Big54Change Nr. 4. Ich besorgte Studioausstattung und passte mich an die neue unsichere, ungewohnte Situation an.*

*Dann kam der Anruf von meinem Kollegen Markus und er schlug vor, ein Buch zu schreiben. Wir wollten Nutzen stiften für Unternehmen und unser Wissen aus Change- und Krisenmanagement weitergeben. Da war das Ziel, es gab wieder eine Vision, und wir legten los. Ein erstrebenswertes Ziel kann den Aufenthalt ganz unten im Tal verkürzen. Auch die Dringlichkeit trägt dazu bei, und die war für mich gegeben, ich wollte unbedingt aus meiner schwierigen Situation heraus und Menschen bei Krisen unterstützen. Beim Schreiben bin ich in meiner Stärke, ich schreibe sehr gerne.*

*Ich war im Aufbruch und machte mich ans Werk. Ein Exposé schickten wir an den GABAL Verlag, bei dem ich bis dato noch nichts publiziert hatte. Das stieß dort sofort auf Interesse, und da ich sonst nichts zu*

> *tun hatte, schrieb ich wochenlang diszipliniert bis in die Nacht hinein. Markus und ich trafen uns online in kurzen Loops und sprachen die Kapitel durch. Das gab mir wieder Kraft und ich war auf das neue Ziel ausgerichtet. Der Aufbruch war erfolgreich. Das Buch war meine Antwort auf die Pandemie: Die Krise kann uns mal*[21]*. Es kam im Sommer 2020 heraus und war damit das schnellste Buchprojekt, das ich jemals umgesetzt hatte. Du musst wissen, wenn man nicht gerade einen Bestseller schreibt, wird man von einem Buch nicht wirklich reich. Doch etwas anderes Tolles passierte: Das Fernsehen interessierte sich und ich war in den Nachrichten, und auch Keynotes mit dem gleichnamigen Titel des Buches konnte ich verkaufen. Damit war das Buch ein Schritt, der eine Hebelwirkung zum Erfolg mit sich brachte.*

Was zeigt uns diese kurze Geschichte meiner Change-Kurve? Wir haben alle unsere eigenen Ausprägungen im Umgang mit Veränderungen. Dass wir unten im Tal ankommen, ist wichtig. Wir dürfen uns auch bedauern, eine Zeit lang. Doch damit das Negative nicht an uns haftet wie Kleister, heißt es, die Situation zu akzeptieren. Und dann geht es darum, wieder aufzubrechen, ins Tun zu kommen. Dabei helfen ein erstrebenswertes Ziel und die Dringlichkeit, der sogenannte „Sense of Urgency". Ohne eine gewisse Dringlichkeit verändern wir uns nicht. Wir brauchen eine Notwendigkeit und eine Brisanz, um Neues zu tun.

Ich fasse noch einmal zusammen: Mehr Klarheit bekommst du, wenn du dich fragst, welche Muster du hast, die dich von Veränderungen abhalten. Was tust du, wenn du den Change ablehnst? Gibt es bestimmte Reaktionen bei dir im Übermaß? Hier kann das Schemacoaching für dich hilfreich sein. Überleg: Fliehst du, kämpfst du oder unterwirfst du dich? Gelingt es dir, dich gut zu stabilisieren?

Danach geht es darum, zu akzeptieren, was ist. Das bringt je nach Stärke der Veränderung eine gewisse Trauer mit sich, die wir zulassen dürfen. Bist du bereit für die radikale Akzeptanz des Status quo? Nimm wahr, was ist. Sei nicht dagegen, das kostet nur sehr viel Energie. Das heißt nicht, dass du zustimmst. Ich kann annehmen, was ist, und mich aufmachen, die Welt zu verbessern. Radikale Akzeptanz dessen, was ist, bringt dich weiter.

Wo gibt es in der schwierigen Situation eine Chance? Trauerst du jahrelang den negativen Erlebnissen hinterher oder akzeptierst du sie und kannst sie loslassen? Welchen Fokus setzt du? Schaust du dauernd in den Rückspiegel? Wo ist dein eigener Anteil? Inwieweit kannst du in deinem Bereich Einfluss nehmen? Wie kannst du wieder in die Stärke eines Gestalters kommen?

Wie schaffen wir es, beim Change von außen am Arbeitsplatz neu aufzubrechen und aus dem Tal der Tränen herauszukommen?

Neben den Phasen der Veränderungskurve können weitere Dinge für dich nützlich sein, auf die ich hier eingehen möchte.

### Unterwegs als Schatzjäger

Ich möchte dir die weiteren Voraussetzungen für gelungenen Change anhand des Beispiels von Thomas erklären, einem Geschäftsführer, der den goldenen Handschlag bekommen hatte.

> *In Thomas' Unternehmen, in dem er Geschäftsführer war, wehte der eiskalte Wind of Change. Er war Anfang 50, und sein Job sollte an einen Jüngeren gehen, auf ihn wartete die Abfindung. Als er zu mir kam, war er freigestellt, und das galt auch für sein Selbstvertrauen Er konnte zuerst nicht akzeptieren, dass ihm so etwas passiert war, zumal er in einem, wie er fand, „kritischen Alter" war. Dieser üble Wandel in seinem bislang doch soliden und erfolgreichen Leben hatte ihm schwer zugesetzt. Auch er durchlief die Change-Kurve. Viele fordernde und sehr kritische Stimmen wirbelten in ihm herum. Am Anfang des Coachings hatte er auch ein „Weg von"-Ziel: „Ich will raus aus dieser üblen Situation. Ich habe noch ein paar Monate mein Gehalt und will einfach nicht mehr so frustriert sein. Ich will raus aus dieser Abwärtsspirale." Dann kam: „Ich will, dass es mir wieder besser geht." Die Dringlichkeit, etwas zu ändern, war da. Er hatte einen Wunsch. Er wollte einen neuen Job. Wir haben gemeinsam im Coaching den Wunsch konkret gemacht und ein klares Ziel gesetzt: ein neuer Job als Geschäftsführer in maximal 12 Monaten.*

Bei Thomas war das Ziel ganz klar. Das ist bei meinen Coaching-Klienten nicht immer so. Dennoch ist eines wichtig: sich auf den Weg zu machen. Wenn wir uns auf den Weg machen, tun sich neue Dinge auf. Es kann auch sein, dass sich ein klares Ziel auf dem Weg dahin verändert, und auch das ist absolut in Ordnung. Thomas hatte zwar sein Ziel formuliert, doch es schien ihm nahezu unmöglich. Irgendetwas fehlte ihm. „Ich will nicht einfach wieder so funktionieren", sagte er mehrfach im Coaching. „Ich möchte wirklich Nutzen stiften und ein Umfeld haben, zu dem ich passe und in dem ich auch etwas Gutes bewegen kann." Dieses Zusatzziel erfüllte seine Bedürfnisse nach Anerkennung und Selbstverwirklichung und es gab ihm dazu den Sinn, etwas Gutes zu tun. In der weiteren Coaching-Arbeit haben wir mit diesem Ziel seinen Purpose, seinen Sinn und Zweck in der Tätigkeit, erarbeitet.

Eine einfache Frage hat Thomas inspiriert: „Was ist dein Wofür? Wofür willst du tun, was du tust?" Dabei geht es nicht um das Geldverdienen, das ist ein Resultat. Das Wofür ist immer etwas, was an Nutzen, Werte und Bedürfnisse anknüpft. Eine Stelle, die er voll und ganz ausfüllte, wo er wirklichen Nutzen stiften seine Stärken leben konnte, das schwebte Thomas vor. Doch das brachte uns zum nächsten Problem, denn Stärken konnte er kaum mehr welche finden. Er war immer noch geschwächt durch den vielen Wandel und die lange Abwärtsspirale.

Doch zum Aufbruch ins Neue ist es wichtig, dass wir wieder mit unseren Stärken und Ressourcen verbunden sind, dass wir wieder in unsere Kraft kommen. Wir haben also an Thomas' inneren kritischen Stimmen gearbeitet und sein inneres Kind gehegt und gepflegt.

Ich habe ihm vorgeschlagen, die Haltung eines Schatzjägers einzunehmen: Ein Schatzjäger sucht seine Schätze, seine offenkundigen und auch seine tieferliegenden, und tritt sich selbst gegenüber wohlwollend entgegen. Wenn er Schätze erkennt oder andere ihn darauf hinweisen, nimmt er das wohlwollend entgegen. Schätze können auch vergraben sein, sodass es ein wenig Zeit braucht, sie zu heben. Das sind Ressourcen, die auch für die Zukunft wichtig sind. Dazu gehört auch die Wertschätzung des Vergangenen, des Guten im Vergangenen, denn das hat zur Folge, dass wir besser loslassen können. Du weißt ja: Wir brauchen einen guten Ort für das Vergangene, damit wir damit abschließen und die Erinnerung daran zulassen können. Mit der Akzeptanz des Gewesenen öffneten sich Türen für das Neue. Solange wir am Alten festhalten, kommen wir aus dem tiefen Tal nicht heraus.

Ich kann nur jedem empfehlen eine Schatzjägerhaltung einzunehmen. Gerade in Unternehmen mit vielen Veränderungen und Neustarts ist diese Haltung, Big54Change Nr. 5, extrem wichtig. Das Gute ist: Wir können an unserer Haltung arbeiten und sie verbessern. Entwicklung ist möglich: Spüre Schätze bei dir selbst und bei anderen, Mitarbeitern, Kollegen, Führungskräften, auf. Das braucht ein wenig Übung, hilft jedoch extrem, um ins Plus zu kommen.

Wie schön wäre es, wenn wir in Unternehmen lauter Schatzjäger hätten. Dann können wir den Stimmen der Jammerkolonialisten, die sich über lange Zeit in Unternehmen eingenistet haben, ein wenig positives Kontra bieten.

Am besten, du fängst schon heute mit der Schatzjägerhaltung an: Welche Schätze hast du selbst? Frag doch mal vier Personen in deinem Umkreis, denen du vertraust, was diese über dich sagen. Welche Schätze kannst du bei deinem Chef oder den Kolleginnen sehen? Grab ruhig ein wenig tiefer und sei wirklicher Schatzjäger im wahrsten Sinne des Wortes.

### Die fünf wichtigen Voraussetzungen für gelungenen Change

Anhand des Coaching-Beispiels von Thomas können wir die fünf wichtigen Voraussetzungen, die relevante Knackpunkte für Veränderungen darstellen, ableiten. Die höchste Veränderungschance haben wir, wenn diese kumulativ vorliegen. Gelingt dazu dann noch die Arbeit an unseren inneren hinderlichen Verhaltensmustern und Bewältigungsstrategien, kannst du den Change-Code einfach knacken. Das gilt für deinen selbst gesteuerten Change wie für jeglichen Change von außen an deinem Arbeitsplatz.

Ich möchte jetzt noch etwas tiefer auf diese Voraussetzungen eingehen und werde zur Verdeutlichung an das Beispiel von Thomas und auch meinen Change anknüpfen.

#### Das nötige Ausmaß an Dringlichkeit

Wir brauchen eine Dringlichkeit, und zwar eine gefühlte Notwendigkeit, um uns zu verändern. Wenn alles gut läuft, gibt es natürlich keine Dringlichkeit, etwas anders zu machen. Auch wenn alles so lala ist, liegt eine solche nicht vor. Selbst wenn es gewohnt schlecht läuft, sehen wir es oft nicht als notwendig an, etwas zu ändern. Für die persönliche Veränderung brauchen wir die Überzeugung, dass diese nötig ist, der Change muss uns wirklich wichtig sein. Ein attraktives Ziel kann die Dringlichkeit positiv unterstützen und einen Weg aus dem Tal der Tränen bahnen, wenn wir Altes loslassen und zu neuen Ufern aufbrechen.

In einer Vielzahl der Fälle ist es aber gar nicht so dringlich.

Nehmen wir als Beispiel den Klassiker: neue Software, neue Prozesse. Du willst keine neue IT, willst aber deinen Arbeitgeber auch nicht verlassen. Gibt es daneben andere positive Aspekte, die für dein Team, für deine Führungskraft sprechen? Passen deine Werte zu denen deines Arbeitgebers? Wie sieht der Karriereleiter-Check aus? Hast du ein „Wofür" bei deinem Tun, das über das reine Geldverdienen hinausgeht? Wenn ja, kannst du die unlustige neue IT eher mittragen und bist trotzdem da, wo du bist, richtig.

Wenn du zu dem Schluss kommst, dass du mangels Dringlichkeit deinen Job behalten möchtest, dann mag dir ein Satz von Jens Corssen aus seinem Buch „Der Selbst-Entwickler"[22] helfen: „Da wo ich bin, da will ich sein. Alles andere ist mir bisher in meiner Vorstellung zu teuer." Damit sagst du „ja" zu einer Situation und empfindest sie als vorteilhafter, als entsprechende Veränderungen vorzunehmen. Die Dringlichkeit, etwas zu verändern, ist schlichtweg noch nicht vorhanden. Akzeptanz bedeutet hier, dass dein Job ein Gesamtpaket von negativen wie positiven Aspekten ist. Ein negativer Part ist die neue IT. Doch diese gehört zum Gesamtpaket dazu. Wenn du dir das klarmachst, dann fällt es dir leichter, diese Sache mitzutragen. Damit machst du dich zu einem handelnden Gestalter und gehst auch heraus aus der Opferhaltung. Das fühlt sich besser an. Deine Haltung, dein Big54Change Nr. 5, ist hier von tragender Auswirkung. Das gilt so lange, bis das Gesamtpaket einfach nicht mehr stimmt und du aus dem Minus nicht rauskommst.

Wo kommt denn dein „Dagegensein" eigentlich her? Bist du aus Prinzip dagegen und reagierst wie ein trotziges Kind? Das kann zutreffen, wenn du nicht wirklich einen Grund für deine Ablehnung hast. Vielleicht wurdest du als Kind übergangen und nicht gesehen und daher kommt diese trotzige oder wütende Reaktion bei neuen Dingen zum Vorschein. Wenn Änderungen und Aufgaben dazu schnell von dir erwartet werden, wenn etwas erneuert wird, hast du vielleicht schnell das Gefühl, nicht genug mitgenommen worden zu sein. Auch hier bedarf es einer wohlüberlegten Reflexion. Wird so eine „alte" Seite in dir getriggert oder handelt es sich um „normales" Verhalten bei Neuerungen? Du kannst in jedem Fall deinen inneren fitten Erwachsenen bemühen und versuchen, mit solchen Veränderungen objektiv erwachsen umzugehen. Du kannst dir Zeit lassen, die neuen Dinge anzusehen, und sie auf ihren Sinn hin durchscannen und nicht gleich dagegen sein. Die Frage ist, handelt es sich um eine Reaktion im gesunden Bereich oder werden Dinge getriggert, die aus anderen Zeiten herstammen?

Nehmen wir ein anderes Beispiel, die Zusammenlegung von zwei Abteilungen. Eine gewisse Vorsicht und Skepsis ist sicherlich auch hier im gesunden Bereich. Wir müssen uns ja schließlich erst an das Neue gewöhnen. Wenn du jedoch von überaus großen Ängsten geplagt wirst und die Situation für dich untragbar ist, überleg ehrlich auch hier, was die Gründe für deine Ängste sind. Fürchtest du um deine Position oder hast du große Angst, weniger wichtig zu sein? Dann kann ein Boykottieren und Vermeiden eine ungesunde Bewältigungsstrategie sein. Frag dich, ob eine normale Reaktion vorliegt oder eine im Übermaß. Welche Reaktionen zeigst du, um Ängste, Sorgen und Schmerzen nicht zu spüren? Ziel ist es immer, im fitten Erwachsenenmodus und in guter Sorge für unser inneres Kind mit solchen Veränderungen umzugehen.

Wenn es gar nichts Gutes mehr in deiner momentanen Jobsituation gibt, dann solltest du neue Wege gehen. Wie kannst du jetzt eine Dringlichkeit für dich nutzen? Wenn du nur von inneren Stimmen getrieben bist, kannst du keine klaren Entscheidungen treffen. Ziel ist es, deinen hinderlichen Stimmen die negative Kraft zu nehmen.

Ohne Dringlichkeit verändern wir nichts, das ist ein Grundsatz. Es kann sein, dass entweder das Ziel zu schwach oder nicht attraktiv genug ist oder wir selbst noch zu unsicher sind und es darum geht, an unserem Selbstvertrauen zu arbeiten und an unserer Klarheit.

**Ein einfacher Tipp, wenn du Führungskraft bist:**
*Die Dringlichkeit benötigen wir genauso als Change-Verantwortliche, um unser Team von dem anstehenden Wandel zu überzeugen. Dabei geht es für dich als Führungskraft darum, die Ernsthaftigkeit für den kommenden Wandel zu erläutern. Schlechte Nachrichten solltest du deinem Team mitteilen. Wenn möglich, nutze Zahlen, Daten und Fakten, um deine These zu stützen. Und vor allem, sei selbst glaubwürdig bei dem, was du tust.*

**Die nötige innere Stärke**
Change und jegliche Veränderungen sind leichter zu meistern, wenn wir in unserer Stärke sind. Nur wenn wir in unserer Kraft und Stärke sind, können wir uns gut entwickeln. Die Arbeit mit dem Schemacoaching-Ansatz bringt uns mehr in unsere Stärke. Wir achten auf unser inneres Kind und unsere Bedürfnisse. In der Stärke sein bedeutet für mich: Das, was ich tue, kann ich gut, ich liebe es und es macht mich stark. Seine Stärke zu kennen und anzuerkennen ist sehr hilfreich bei Veränderungen.

In unruhigen, unsicheren Situationen jeglicher Art, bei jedem Minus ist wichtig, dass du wieder in deine Stärke kommst und die Ablehnung, das Dagegensein dich nicht zu sehr schwächt. Damit du es schaffst, zu neuen Ufern aufzubrechen, ist es wichtig, das Alte in deinen Erinnerungen zuzulassen, das hilft, wie du weißt, ebenso beim Loslassen. Zugleich ist wichtig, dass wir uns die Frage stellen: „Was an Ressourcen kann ich vom Alten mitnehmen in die Zukunft?" Die alte, gewohnte IT war gut, ja, doch nun heißt es Abschied nehmen und nach dem Big54Change Nr. 3 loslassen. Und darauf achten, welche Ressourcen du aus dem Umgang mit der letzten Software für die neue nutzen kannst. Das kannst du auch auf andere Veränderungen übertragen. Was waren deine Stärken, was ist wichtig für deine berufliche Zukunft?

Der wunderbare Spruch „Zukunft braucht Herkunft" stammt von dem deutschen Philosophen Odo Marquard. Welche Tugenden und Stärken können wir ins nächste Level mitnehmen? Auch wenn wir in einem Minus feststecken, so war und ist das nur eine Episode aus unserem Leben und jetzt geht es darum, wieder in die Stärke zu kommen und ins Plus zu gehen. Und auch in dieser negativen Episode war nicht alles nur schlecht und es gab sicherlich Stärken bei dir, auch wenn sie uns nicht zugleich ins Auge springen.

Als ich auf dem Weg war, meinen alten Job zu verlassen, habe ich mir folgende Fragen gestellt, und diese stelle ich regelmäßig meinen Coaching-Klienten: „Was sind eigentlich meine Stärken, was kann ich gut, wo bin ich im Flow und wo kann ich wirklich nützlich sein? Welche Stärken kann ich aus der Minus-Episode mit in die Zukunft nehmen?"

In meiner damaligen Tätigkeit als Juristin war ganz klar die TV-Expertin eine Stärke von mir. Meine Tätigkeit als TV-Sprecherin war eines der wenigen Highlights im Job und das dort Gelernte kann ich heute wunderbar als Rednerin nutzen, insbesondere in der Corona-Zeit bei Online-Keynotes, wo alles wie in einem TV-Studio ist. Die Fragen zu meinen Stärken hätte ich mir ohne meine Coaching-Ausbildung nicht gestellt.

Im Coaching erlebe ich es auch oft, dass Menschen ihre Stärken gar nicht sehen, da sie sie als „normal" empfinden. Jetzt, viele Jahre der Weiterentwicklung und des Suchens, bin ich angekommen im richtigen Kontext und es fühlt sich richtig und sogar leicht an. Nach der Stabilisierung konnte ich den Code für mich knacken und mich überwinden und mutig neue Wege gehen.

Wenn wir in unserer Stärke sind, dann sind wir meistens auch in unserer Kraft. Das hängt eng zusammen. Auch unser Big54Change Nr. 1 Leidenschaft spielt hier eine große Rolle. Für den Aufbruch ins Neuland ist es wichtig, dass du in deiner Kraft und Stärke bist und diese kennst.

Mach doch einmal die vierdimensionale Kraftfeldanalyse für Wandelmutige:

1. Wo bin ich in meiner Kraft? Was kann ich (richtig) gut? Was ist meine Stärke? Wo vergeht die Zeit wie im Flug? Welche Kraftspender habe ich? Was stärkt mich? Was gibt mir Kraft?

2. Was bei Veränderungen ist nützlich und dienlich für die Zukunft? Was solltest du mitnehmen als Ressource? Welche Tugenden hast du und brauchst du in Zukunft?

3. Was mag ich gar nicht? Was schwächt mich? Was kann ich nicht so gut? Wo sind meine Krafträuber?

4. Was davon sollten wir in Zukunft unterlassen und loslassen? Welche Krafträuber willst du minimieren? Wie kannst du sie in Würde gehen lassen?

**Ein einfacher Tipp, wenn du Führungskraft bist:**
*Du kannst die Kraftfeldanalyse auch mit dem gesamten Team durchführen. Wenn du deine Leute so einbindest, stärkt das zudem das „Wir-Gefühl". Erst analysiert jeder für sich, und dann stellt ihr euch die Fragen gemeinsam als Team und geht alle wie durch eine Vernissage durch. Das geht persönlich mit Flipcharts oder online mit Whiteboards oder Tools wie Miro oder schlichtweg mit PowerPoint. Wichtig ist, dass du auf die Tugenden und Stärken in deinem Team bei Veränderungen hinweist. Die Wertschätzung der Stärken vereinfacht die Veränderung.*

*Chefs und Chefinnen sollten Mitarbeitende viel mehr darin unterstützen, aus der Stärke zu handeln und Stärken zu fördern und sie weiterzuentwickeln. Menschen empowern und entwickeln, das ist gelebte Führung. Oft kommt dann der Spruch: „CFO sagt zum CEO: Was, wenn wir unsere Mitarbeiter fördern und entwickeln und sie gehen dann? CEO antwortet: Was, wenn nicht und sie bleiben?"*

Richtig gut bist du nur da, wo du in deiner Stärke bist. Das gilt für Einzelpersonen wie für gesamte Teams. Klar geht es auch immer darum, etwas dazuzulernen, doch aus einer Stärke, einer positiven Kraft heraus. Wenn du in deiner Stärke bist, hat das zudem den Vorteil, dass du viel schneller bei Veränderungen reagieren kannst, Ideen findest und konstruktiv bist. Wenn wir unsere Stärke nicht anerkannt oder gefunden haben, wird es weiterhin schwer sein, mit den vielen Veränderungen umzugehen. Starke Menschen sind handlungsfähiger, sie haut nichts so schnell um.

**Ein klares und gutes Ziel vor Augen**

Wenn wir ein erstrebenswertes Ziel haben, hilft das, Veränderungen anzugehen. Jede Veränderung braucht ein gutes Ziel. Gute Ziele helfen auch, eine Brücke aus dem Tal hin zu neuen Ufern zu bauen. Du brauchst ein Ziel, das attraktiv für dich ist. Wenn das Ziel zu schwach ist, wirst du die Veränderung nicht auf dich nehmen. Ein starkes Ziel unterstützt dich bei der Dringlichkeit und deiner Motivation, etwas zu tun.

Ein Ziel gibt dir eine Ausrichtung, einen Fokus in Richtung Zukunft. Wenn du kein Ziel hast, verfolgst du die Ziele anderer. Mein Ziel war im großen Change der Corona-Pandemie, das Buchmanuskript am 30.5.2020 abzugeben. Das war klar und präzise. Okay, nicht jeder kann ein Buch schreiben. Das sagte auch der freundliche Moderator im Bayerischen Fernsehen im Interview in der Abendschau. Stimmt. Also schauen wir uns andere Ziele an. Wenn es um deinen persönlichen Change vom Minus ins Plus geht, ist das jetzt sehr wichtig.

Was könnte ein gutes Ziel für dich sein? Welches Ziel nützt dir im Unternehmen und mit deinem Team? Was ist das Bedürfnis hinter dem Ziel? Wie willst du dich fühlen? Gibt es einen Wunsch?

Ein Ziel kann auch sein, sich noch eine bestimmte Zeit auf etwas einzulassen und dann neu zu evaluieren. Das kann das Einlassen auf eine neue Führungskraft sein oder auf eine bestimmte Jobsituation. Es hilft uns hier, Termine zu setzen. Dann ist es leichter, sich zu fokussieren und den Weg zu gehen.

Ein deutliches Ziel, eine emotionale Vision hilft, wenn es darum geht, Menschen abzuholen, mitzunehmen und mit dem Change zu verbinden. Dabei ist es jedoch wichtig, dass es für alle verständlich ist und auch einen emotionalen Anteil hat. Bei einem Unternehmen, das ich beraten habe, bauten wir das Ziel mit Lego® Serious Play® nach, und alle haben fleißig mitgemacht und waren begeistert dabei. Das gemeinsam gebaute Zielbild führte auch zu einem starken gemeinsamen Commitment. Uns Menschen einzubinden schafft das meiste Commitment, denn dann fühlen wir uns nicht übergangen. Das ist nicht immer möglich, aber öfter als wir denken. Ich empfehle generell bei einer Neuausrichtung, egal ob persönlich oder mit dem Team,

Bereich, der gesamten Organisation, mit kreativen Methoden zu arbeiten.[23]

Um ein klares Ziel zu definieren, gibt es verschiedene Wege.

◇ **Vom Wunsch zum Ziel**
Du hast noch kein klares Ziel, willst eher weg von etwas? Also weg von der schlechten Stimmung, dem Ärger, dem mangelnden Selbstbewusstsein? Das ist schon einmal ein erster Schritt. Es ist gut, wenn du weißt, was du nicht mehr willst. Aus diesem Wunsch kannst du ein Ziel machen. Was wünschst du dir? Und welche Bedürfnisse verstecken sich dahinter?

Nehmen wir ein einfaches Beispiel: Du hättest gerne eine Wohnung auf dem Land. Wunderbar, das ist ein klarer Wunsch, jedoch noch kein konkretes Ziel. Bevor du dich an dein Ziel machst, lade ich dich ein, zu schauen, was sich hinter deinem Wunsch verbirgt. Meistens sind es Bedürfnisse, die erfüllt werden wollen. Es gibt immer ein Bedürfnis, eine Essenz, die hinter unseren Wünschen liegt. Wir wünschen uns nichts um des Wünschens willens. Oft sind uns diese Bedürfnisse nicht bewusst. Um weiter in Richtung Ziel zu denken, ist es wichtig zu verstehen, welche Essenz und Bedürfnisse befriedigt werden sollen. Und ganz oft können wir uns diese Bedürfnisse schneller erfüllen als gedacht. Wenn die Wohnung auf dem Land dein Wunsch ist, kann das Bedürfnis dahinter sein, in der Natur zu leben, mehr Platz zu haben oder einfach mehr auszuspannen.

Wenn du die Essenz und das Bedürfnis hinter deinen Wünschen herausgefunden hast, dann spür in dich hinein, find heraus, welches Gefühl dahintersteht. Unsere Gefühle haben eine große Bedeutung in unserem Leben und wirken auf unsere Haltung. Daher ist es wichtig, auf unsere Gefühle zu hören und zu verstehen, warum etwas für uns wichtig ist. Gerade wenn wir in einer nicht so guten Phase sind, ignorieren wir unsere Gefühle oft und wundern uns, wenn wir weiterhin unzufrieden sind.

Geh deinen Wünschen weiter auf den Grund. Du kannst folgende Sätze dabei nutzen:

- ◇ Dieses Gefühl ist für mich dabei wichtig …
- ◇ Wenn sich der Wunsch erfüllt, stellt sich dieses Gefühl bei mir ein.
- ◇ Damit wird bei mir mein Bedürfnis nach … erfüllt.

Jetzt gilt es, aus dem Wunsch ein Ziel zu machen: Bei der Zielfindung sollte es immer in erster Linie um dich selbst gehen. Bei dem Wohnungsbeispiel kann das so aussehen: Bis zum Sommer im Jahr xy finde ich eine Zweizimmerwohnung auf dem Land in 50 km Entfernung rund um München herum. Ein Wunsch ist abstrakt, ein Ziel konkret und verbindlich. Wenn du das formuliert hast, kannst du Internetportale studieren, dein Netzwerk einbinden und alle fragen, die du kennst. Du legst dir eine Strategie zum Erreichen deines Ziels zurecht. Wenn du die Gefühle und Bedürfnisse dahinter auch formuliert hast, kannst du einen Teil davon relativ rasch erfüllen, indem du dich auf dem Land aufhältst und die Natur aufsuchst. Das macht dich in einer schwierigen Situation zufriedener und wiederum offener für deine Ziele. Damit lassen sich deine Ziele leichter erreichen. Und außerdem ist es auch wichtig, ein Ziel nicht isoliert zu betrachten, sondern immer auch unsere Wünsche und Bedürfnisse im Blick zu haben. Somit können wir sogar zwei Fliegen mit einer Klappe schlagen, und damit kommen wir aus dem Minus ins Plus.

**Ein einfacher Tipp, wenn du Führungskraft bist:**
*Wenn du Chefin oder Chef bist, wird es ziemlich sicher so sein, dass du Ziele in deinem Bereich und diese gemeinsam mit deinem Team erreichen willst. In Unternehmen gibt es vielschichtige Ziele. Oft können wir es uns hier nicht so ganz heraussuchen, ob es auch wirklich unsere eigenen Ziele sind. Was kannst du ihnen dennoch Gutes abgewinnen? Als Führungskraft hast du dann verschiedene Möglichkeiten, diese Ziele deinem Team näherzubringen. Eine immer gern genutzte Möglichkeit ist Bestechung. Nachdem wir aber wissen, wie lang eine Gehaltserhöhung, die Bestechungsmethode des 21. Jahrhunderts, vorhält – nämlich lediglich 48 Stunden –, ist diese Methode eher nicht zu empfehlen. Eine weitere Maßnahme ist Druck machen. Das kann kurzfristig gelingen, ist jedoch auch*

*nicht nachhaltig. Die wichtige Frage ist: Wie kannst du deine Leute für Ziel, Strategie und Umsetzung überzeugen? Und gerade, wenn es die dritte neue IT in Folge ist, ist es besonders wichtig, ihnen klarzumachen, warum gerade diese notwendig ist. Hast du viele Jammerkolonialisten im Team, die schnell in den Widerstand gehen? Nutz die Kenntnis der Formen des Widerstands. Nimm eine zugewandte Haltung an, wenn es darum geht, den Widerständen auf den Grund zu gehen.*

*Ebenso kannst du die Begeisterten, wahrscheinlich zwischen zehn und 20 Prozent im Team, als Influencer einsetzen. Lass sie den Big54Change Nr. 1, ihre Begeisterung für das Neue, in deinem Team versprühen und die anderen im positiven Sinne anstecken. Du musst nicht alles selbst tun. Befass dich mit transformationaler Führung und halt nicht zu sehr am alten Führungshabitus fest. Sei auch du Influencer und führ über eine starke und fesselnde Vision. Fördere und fordere deine Leute und zeig dich nahbar mit deinen Werten im Team. Geh mutig voran und wirk als Vorbild, deine Leute schauen immer auf dich, auch wenn du es nicht bemerkst.*

*Nimm dein Team an die Hand und lass sie so viel wie möglich mitgestalten. Was Menschen Sicherheit gibt, ist klares Erwartungsmanagement bei Zielen und Delegationen. Ich höre ganz oft von Führungskräften: „Meine Leute machen nicht, was ich will." Da hilft ein einfacher Spruch: You don't get what you want, if you don't say what you want. Erkläre Sinn und Zweck, findet euer „Team-Wofür" und arbeitet online wie offline auch mit kreativen Methoden, um Ziele zu erreichen.*

*Wenn du weder überzeugen noch mit der zugewandten Haltung die Leute gewinnen kannst, solltest du bei diesen Veränderungen auf Big54Change Nr. 3 zugreifen und es lassen. Damit meine ich, keine großartige Energie auf diese Menschen verwenden, wenn du alles probiert hast. Es wird immer ein paar Leute geben – und hoffentlich nur ein paar –, die trotz allem veränderungsresistent sind. Jack Welch würde jetzt sagen: „Schmeiß die zehn Prozent einfach raus." Ich sage: Überlege gut, was du tun kannst und wie du deine Energien als Chef nicht über Gebühr strapazierst. Also lass los und kümmere dich um die, die du motivieren kannst. Und stelle nur noch Leute ein, die wirklich motiviert sind.*

◇ **Vom Silvestervorsatz zum Ziel**
Viele gute Ziele werden an Silvester formuliert. Und beim Formulieren bleibt es auch meist. Nur 8 Prozent aller Ziele werden auch verwirklicht. Wir leben in einer Welt der sofortigen Bedürfnisbefriedigung, und wir sind Unlust-Vermeider. Daher stellt sich bei Zielen immer wieder die Frage: Gebe ich der kurzfristigen Befriedigung meiner Bedürfnisse nach oder halte ich weiter durch und bleibe diszipliniert bei meinem Ziel? Esse ich doch die Schokolade oder widerstehe ich, um mein Ziel, ein paar Pfunde zu verlieren, zu erreichen? Manchmal hilft es, sich für das Erreichen von Zwischenschritten zu belohnen.

Leider heißt das Geheimnis des Erfolges „harte Arbeit", und das wollen wir nicht so gerne hören. Big54Change Nr. 2, die Disziplin, lässt grüßen. Und selbst, wenn wir dem Lustprinzip mal nachgeben und die Schoki essen – was allemal menschlich ist –, können wir uns dennoch danach entscheiden weiterzumachen. Die Frage ist: Wie wichtig ist mir mein Ziel?

◇ **Vom Unternehmensziel zum eigenen Ziel**
Dann gibt es noch die Variante der Ziele, die im Unternehmen bestehen und nicht deine eigenen sind. Bestenfalls hast du eine Führungskraft, die dich bei den Zielen so weit wie möglich beteiligt und stärkenorientiert in der Erreichung vorgeht. Diese Ziele kannst du sicherlich gut mittragen. Ist das nicht der Fall, dann gilt das bei „Ist es dringlich genug?" Gesagte. Stimmt das Gesamtpaket bei deinem Arbeitgeber und kannst du auch unbequeme Ziele oder Ziele, hinter denen du nicht so ganz stehst, weitgehend mittragen? Wenn nein, prüf gut, ob du diese Ziele dennoch akzeptieren willst und kannst oder eine Dringlichkeit entwickelst und neue Wege gehst.

◇ **Der falsche Weg: das fremde Ziel**
Oft erlebe ich im Coaching, dass sich Menschen Ziele setzen, die gar nicht ihre eigenen sind. Das falsche Ziel wird oft aus Solidarität zu engen Familienmitgliedern gewählt, so wie bei unserem Studenten Finn im Teil Minus-Minus. Hier arbeiteten wir mittels Schemacoaching heraus, welche inneren Stimmen diese Ziele bestimmt haben und wie wir sie entmachten können. Manchmal wollen wir es mit

unserem Ziel anderen recht machen, um Wandel zu überstehen und um gemocht zu werden, oder wir trauen uns nicht zu, ein Ziel zu verfolgen, weil es noch niemand zuvor aus der Familie so weit gebracht hat. Auch hier spielen Loyalitäten in der Familie eine große Rolle. So wie bei mir. Ich habe mich viele Jahre nicht getraut, mein eigenes Unternehmen zu gründen. Auch hier sind wir wieder bei unseren kindlichen Prägungen und können das Schemacoaching für die Bearbeitung der inneren Stimmen und Bewältigungsstrategien nutzen.

**Ein klares „Wofür“**

Ein klares „Wofür“ erleichtert das „Was“ und das „Wie“. Es gibt dir Zufriedenheit und auch ein wenig Frieden und Sinn. Du brauchst ein „Wofür“, um Veränderungen anzugehen. Wofür tust du, was du tust?

Mein „Wofür“ beim Schreiben des Krisenbuches war es, Unternehmen zu helfen, menschlich wie wirtschaftlich zu wachsen. Auch Thomas wollte wirklich Nutzen stiften als Geschäftsführer in seiner neuen Position in der sozialen Einrichtung. Das „Wofür“ hängt an deinen Werten und Bedürfnissen und zeigt auch, wofür du selbst stehst. Wenn das Wofür klar ist, heißt es nicht, dass es keine Probleme mehr gibt. Im „Buch der Freude“[24] gibt es eine nette Episode zwischen dem Dalai Lama und Desmond Tutu. Tutu sagt zum Dalai Lama: „Alle kommen zu dir, obwohl dein Englisch grottenschlecht ist. Es kann also nicht an deiner Sprache liegen. Die Leute kommen, weil du für etwas stehst, dein ‚Wofür‘ zieht sie scharenweise an.“

Simon Sinek[25] hat die drei Fragen nach dem „Was“, dem „Wie“ und dem „Wofür“ sehr gut auf den Punkt gebracht. Er sagt: „Menschen kaufen nicht das, was du tust oder herstellst oder wie du es tust, sondern warum und wofür du es tust. Das Ziel ist, mit Menschen zu arbeiten, die an das glauben, was du glaubst, und denen das wichtig ist, was dir wichtig ist.“

**Ein einfacher Tipp, wenn du Führungskraft bist:**
*Für dich als Führungskraft gilt: Die Menschen folgen dir nicht, weil du Chef bist, sie folgen dir nicht wegen dir, sondern wegen sich selbst. Weil sie von deinem „Wofür“ angezogen sind. Auch hier geht es immer um Bedürfnisse. Den Ursprung dieser wichtigen*

*Frage nach dem Wofür hat sicherlich Nietzsche aufgebracht: „Wer ein Wozu hat, dem ist kein Wie zu schwer." Auch Sinek*[26] *sagt, dass Menschen Menschen nicht um derentwillen folgen, sondern um ihrer selbst willen. Darum ist es auch so wichtig, in Krisen und bei vielen Veränderungen als Chef oder Chefin immer wieder nahbar zu sein und sein Wofür und seine Werte den Mitarbeitenden zu zeigen. So wird auch der Sinn der Veränderungen klar, und dann werden Menschen vom Minus ins Plus folgen.*

Wir Menschen wollen sinnvolle Dinge tun und den Sinn hinter den Tätigkeiten verstehen. Sinn und Zweck des Tuns sind Aspekte, die auch gerade in jüngeren Generationen wichtiger werden. Mit der Frage nach dem „Wofür" näherst du dich an. Was gibt dir Sinn, welchen Zweck hat dein Tun? Wir sprechen dann auch von Purpose. Auch Organisationen sind auf Sinnsuche. Wir nennen diese „Purpose Driven Organizations". Wenn Menschen den Sinn von etwas nicht verstehen, fällt es ihnen sehr schwer, begeistert und motiviert zu sein. Genau das sagt auch eine Studie aus dem Heft „ManagerSeminare 2019"[27]: Von 1000 befragten Mitarbeitenden kannten 85 Prozent weder Mission noch Ziele des Unternehmens. Knapp 60 Prozent wussten nicht, wie ihre Arbeit die Unternehmensziele beeinflusste. Und über 40 Prozent der Mitarbeitenden arbeiteten mehrfach im Monat an Dingen, deren Sinn und Nutzen sie nicht verstanden. Menschen sind weniger motiviert, wenn der Sinn nicht klar ist. Da reicht es auch nicht, Ziele, Sinnhaftigkeit und Mission einmal zu erklären.

> *Auch die Firma Käfer in München wurde von der Krise heimgesucht. „Kein Partyservice, alle Restaurants waren geschlossen", berichtete mir Clarissa Käfer. Neue Ideen mussten her. Die Mitarbeiter und Führungskräfte wurden befragt und ein neues Geschäftsmodell aus der Krise wurde geboren. Das neue Projekt „Essen als Nachbarschaftshilfe" entstand, ähnlich dem Essen auf Rädern. Man begann mit 50 Mahlzeiten und es wurde auf 400 aufgestockt. Feinkost Käfer ist eine renommierte Firma mit einem guten Ruf. Viele Azubis wollen dort lernen und Teil der Marke sein und hochwertige Veranstaltungen bei Prominenten ausrichten. Doch jetzt mussten sie „Essen auf Rädern" verpacken. War das eine angestrebte Tätigkeit für die neuen Mitarbeiter und Azubis? Dabei ging es schlichtweg darum, Essen für ältere Menschen zuzubereiten und bereitzulegen. Interessanterweise passierte Folgendes bei den zu Beginn etwas unwil-*

*ligen Azubis: Sie erfuhren wirklich Sinn bei ihrem Tun, ihr „Wofür" war es, Ältere zu unterstützen. Ein Azubi meinte: „Diese neue Tätigkeit war sicherlich nicht mein originärer Traum und auch nicht der Grund, warum ich mich hier ausbilden lasse. Doch ich weiß, ich habe wirklich etwas Gutes getan, das machte dann absolut Sinn und gibt mir ein wirklich starkes ‚Wofür'."*

Mit dieser Geschichte sehen wir, dass ein Wofür auch eine große Stärke entfalten kann und trotz schwieriger Umstände sehr motivieren kann.

**Passende Werte und Werteallianzen**

Werte haben eine große Kraft, wenn sie gesehen und gelebt werden. Deine Werte sollten nicht im Widerspruch stehen zu den Werten deines Arbeitgebers. Werteallianzen sind Verbindungen zu Menschen, die ein ähnliches Wertesystem haben und leben.

In Thomas' Fall fanden wir gemeinsam im Coaching noch eine weitere Hebelwirkung für seinen Change: Wir durchforsteten seine Werte. Er dachte über seine Werte nach und machte sich klar, was ihm wirklich wichtig ist. Dann begab er sich auf die Suche. Er recherchierte und suchte Unternehmen, die gut in sein Wertesystem passten. Im Prinzip suchte Thomas Werteallianzen in persönlicher und unternehmerischer Sicht. Gemeinsame Werte verbinden. Es dauerte keine sechs Monate, da hatte er einen neuen Job und verkündete: „Frau Nickel, ich habe mein Wofür gefunden. Ich bin Geschäftsführer in einer sozialen Einrichtung und sehr glücklich." Manchmal braucht es einen Change von außen, dass wir uns verändern. So gestaltete sich die Abbaumaßnahme als ein Change in ein neues großes Glück.

Wir sollten uns mit Menschen umgeben, die uns bei unserem Ziel unterstützen und die unsere Werte respektieren und bestenfalls auch leben. Einer meiner Partner ist Gunhard Keil. Mit ihm gemeinsam berate ich viele Kunden bei Veränderungen und Führung, und Gunhard und mich verbindet ein gemeinsames Wertesystem. Bei uns matchen Werte wie Fairplay, Zuverlässigkeit, Kreativität und der Vorsatz, wirklich etwas bewegen zu wollen. Er ist auch meine „ausgelagerte Modell-Intelligenz" und hat mich ganz hervorragend beim Entwickeln des Change-Modells unterstützt. Dafür bin ich sehr dankbar.

*Auch Paul, 31, beschäftigte sich im Coaching mit Werteallianzen. Er hatte zuvor noch nie bewusst über seine Werte nachgedacht und erkannte nun: Sein Chef ging so wenig wertschätzend mit ihm um, dass er sich als eher „der Beziehungstyp" mit einem Zahlen-Daten-Fakten-Chef immer unwohler fühlte. Dabei war einer von Pauls wichtigsten Werten die Wertschätzung. Und gerade diesen Wert hatte sein Chef mit Füßen getreten: Er hatte dem engagierten Paul schon vor einem Jahr einen Teamleiterposten in Aussicht gestellt, und so hatte Paul trotz seines Unwohlseins durchgehalten. Doch nun gab es Change im Unternehmen, das Versprechen war „Schnee von gestern". Paul wurde klar: Er musste etwas tun. Ich bestärkte ihn darin, sich Gleichgesinnte zu suchen, Unternehmen und Menschen. In den sozialen Netzwerken war er kaum vertreten, das war ihm bislang völlig unwichtig gewesen. Nun arbeitete er an seiner Sichtbarkeit, denn ein 60-prozentiger Karrierefaktor sind unsere Netzwerke, unsere Kontakte dort. Dein Image macht immerhin noch 30 Prozent aus, also was und wie andere über dich reden, wenn du nicht im Raum bist, und nur zehn Prozent entfallen auf deine Leistung.[28] Für Paul standen also Kontakte und Netzwerke im Vordergrund. Diese schmiedete er im Sinne seiner Werte und schaffte neue Werteallianzen. Schon eine Woche, nachdem er auf Business-Netzwerken sein Profil geschärft hatte, kamen Anfragen von Headhuntern. Das stärkte wiederum sein geplagtes Selbstbewusstsein.*

### Der Change in Action

Ich habe dir die fünf wichtigen Voraussetzungen, die relevante Knackpunkte für Veränderungen darstellen, vorgestellt. Ich hatte schon erwähnt, dass der Change umso leichter gelingt, je mehr dieser Punkte zutreffen. Das Gute daran: Du kannst an ihnen arbeiten.

So wie ich mit Paul:

*Wir arbeiteten auch an den anderen Knackpunkten und entwickelten eine Strategie: Paul entschied, dass er den Job noch maximal ein Jahr lang beibehalten wollte. In diesem Zeitrahmen musste sich etwas ändern. Die Timeline war gelegt. Mit Coachingtools stabilisierte er sich weiterhin und konnte so seine Situation akzeptieren. Wir hatten es wieder mit Big54Change Nr. 3, dem Loslassen zu tun, jedoch in einer anderen Form: nicht den Job sofort verlassen, sondern keinen Fokus mehr darauf zu legen und seine eigenen Ziele zu verfolgen. Die Dringlichkeit, sofort zu gehen, hatte er noch nicht verspürt. Sein Wofür war ihm relativ schnell klar. Er war Ingenieur, er wollte weiter Nutzen mit Chips stiften. Er liebte es, sich mit kleinen Details zu befassen und zu basteln, und folgte Big54Change Nr. 1, der Leidenschaft. Seine Werteallianzen suchte Paul in seiner Leidenschaft und auch privat tat er Dinge, die ihm guttaten und die ihn über eine gewisse Zeit über Wasser hielten. Seine Bastelgarage hatte er wieder sehr ausgiebig in Betrieb genommen. Er liebte es, dort zu löten, zu sägen und zu hämmern. Folge deiner Leidenschaft, dann wird sich alles andere auftun.*

Auch als ich mich aufmachte und Speakerin wurde, folgte ich voll und ganz meiner Leidenschaft, und mein Wofür war klar. Der Erfolg stellt sich ein, wenn du in deiner Leidenschaft bist und auch Big54Change Disziplin anzapfen kannst. Erfolg ist dann die Folge, das steckt auch schon im Wort Erfolg. Das Gute an Begeisterung ist, dass sie uns hilft, die Disziplin zu bewahren. Auch wenn du einmal gar keine oder wenig Lust hast, schaffst du es am Ball zu bleiben.

Wenn es darum geht, ins Neuland aufzubrechen, und du neue Produkte oder Dienstleistungen entwickeln oder einen neuen Job suchen willst, kannst du dir diese Fragen stellen, damit dein Weg von Erfolg gekrönt ist.

Wir starten mit Big54Change Nr. 1: Leidenschaft und Begeisterung. Frage dich:

*„Wo liegen meine Begeisterung und Leidenschaft? Wofür brenne ich? Wird mein Tun von Begeisterung und Leidenschaft begleitet?"*

Begeisterung und Leidenschaft sind gut, doch reichen sie nicht, um in deinem Business, im nächsten Projekt wirklich erfolgreich zu sein. Dafür brauchst du Kompetenzen und Wissen. Als ich als Rednerin mit Vorträgen startete, war ich voller Begeisterung, doch mir fehlte noch das richtige Know-how, wie man eine Keynote gut aufbaut. Das habe ich dann in meiner Speaker-Ausbildung gelernt. Frage dich:

*„Welche speziellen Kompetenzen und Know-how habe ich? Was kann ich und was weiß ich? Wo werde ich oft um Rat gefragt? Habe ich für diesen Weg auch die notwendigen Kompetenzen und Fähigkeiten?"*

Eine Kollegin von mir hatte extrem gute Kenntnisse in Excel, sie war unser Excel-Master, doch sie hasste es. Wichtig ist, dass du da, wo du begeistert bist, Kompetenzen ausbaust, und Dinge, die du nicht magst, nicht weiter in den Fokus rückst. Daneben brauchst du eine Basis, die dich stützt bei deinem Tun. Hierbei geht es darum, bei der Tätigkeit deine Werte zu leben, Sinn zu erfahren und auch zu stiften. Wenn eine Wertekollision zum Beispiel mit deinen Werten und den Werten deines Arbeitgebers entsteht, wird es schwierig für dich, erfolgreich zu sein. Frage dich:

*„Welche Werte sind mir wichtig? Sind sie im Einklang mit meinem Tun? Was gibt mir Sinn beim (neuen) Tun? Wofür tue ich, was ich tue, und mit welchem Nutzen?"*

Mir ist meine Freiheit sehr wichtig und ich liebe es, meine Zeit frei einzuteilen. Daneben stehen Werte wie Respekt, Vertrauen und Mut. Ich pflege Kundenbeziehungen zu Unternehmen, die wirklich respektvoll miteinander umgehen und den Mut haben, wirklich etwas zu bewegen. Auch Begeisterung ist ein wichtiger Wert für mich. Ich will größtenteils – immer geht nicht – Dinge tun, die mich begeistern. Mein Credo ist: Ich stifte Sinn und Nutzen und bewege die Menschen mit meinen Vorträgen, damit sie leichter in die Umsetzung kommen. Ich liebe es, Menschen mit fundierten Keynotes zu inspirieren, um sie für Veränderungen zu begeistern, damit sie leichter ins Tun kommen.

Bei der nächsten Frage geht es direkt ums Business und damit auch um deine Kunden und Märkte. Ganz oft passiert es, dass Menschen und auch Unternehmen die Kunden vergessen und man eher in der eigenen Suppe schwimmt. Doch ohne Kunden kein Business. Wenn es also nicht um ein Hobby geht oder eine lustvolle Freizeitbeschäftigung, dann brauchen wir dringend den Part Markt und Kunden. Dabei ist es ganz einfach: Der Köder muss dem Fisch schmecken und nicht dem Angler. Kunden und Märkte sind essenziell, denn wir befinden uns im beruflichen Umfeld. Frage dich:

*„Gibt es für mein Tun auch einen Markt? Tun sich neue Märkte auf? Brauchen Kunden meine Tätigkeit oder meine Produkte? Was kann ich innovieren, um neue Kunden und Märkte zu erschließen?"*

Wenn du die Voraussetzungen für Change verinnerlicht hast, kannst du immer wieder reflektieren, welche bei dir erfüllt sind, und prüfen, in welcher Phase der Veränderungskurve du dich gerade befindest. Durch die Arbeit mit dem Schemacoaching kannst du dich stabilisieren und gut ausrichten.

Im Folgenden gebe ich dir ein Beispiel, wie ein Unternehmenskunde von mir Veränderungen gemeistert hat.

*Auch bei meinen Firmenkunden hat der Corona-Change viele beschwerliche Auswirkungen gezeigt. So wie Kurzarbeit und angespannte Stimmung in den Werkstätten beim Service bei BMW in München. Der Niederlassungsleiter Bernd Doepke berichtete von Unsicherheiten unter den Mitarbeitern. Deren Tätigkeiten im Lockdown waren zwar systemrelevant, dennoch hatten sie viele Schwierigkeiten zu meistern. Keiner wusste zunächst, wie man mit dieser Situation umgehen sollte. Die Verkäufer waren im Homeoffice, doch die Servicemitarbeiter hatten Kundenkontakt. Es gab noch keine Schutzmaßnahmen, und die Serviceleiter hatten die Aufgabe, das Team motiviert zu halten. Die Frage war: Wie können wir unsere Kunden und uns selbst schützen und wie schaffen wir es, dafür neue Prozesse einzuführen? Kunden hatten Bedenken wie zum Beispiel: „Was, wenn während der Reparatur Viren in mein Auto kommen?" oder „Was, wenn ich mich bei der Schlüsselübergabe mit Corona anstecke?" Es war klar, im Service musste hierzu schnell etwas entwickelt werden. Die Dringlichkeit, etwas zu verändern, war ganz klar da.*

*Die über allem stehende Frage war: Wie gestalten wir die kontaktlose Übergabe der Fahrzeuge? Ein umsichtiger und kreativer Leiter im Service schaffte es, das Corona-bedingte Minus zu verlassen, weil er seine Leidenschaft einsetzte, um dem Unternehmen zu dienen und Innovationen zu pushen. Er brachte viele digitale Innovationen auf den Weg, das war ganz klar seine Stärke. Fahrzeuge werden mittlerweile nicht mehr persönlich übergeben, auch der Kunde gibt sein Auto kontaktlos ab. Sein Fahrzeug wird dann auf die Bühne gehoben und ein kleines Filmchen wird gedreht. Darin wird erklärt, was an dem Auto alles zu reparieren ist. Das können Kunden mittlerweile als Standardprodukt buchen und nutzen. In der Werkstatt am Flughafen können Kunden, wenn sie landen, den Film sehen und entscheiden, was sie reparieren lassen möchten. Damit erfolgt die Auftragsklärung komplett digital. Dieser begeisterte Macher ist nicht mehr Leiter der Serviceberatung, sondern Digitalmanager im Aftersales und treibt eine kleine Innovation nach der anderen. Dazu hat er auch einen Wandel hingelegt vom Kfz-Mechaniker „Ich bin in der Werkstatt großgeworden" hin zu „Ich bin der Innovationsmanager und digitalisiere unseren Service". Seine Stärke und Begeisterung für digitale Produkte waren offenkundig und fielen auch seinem Chef auf, und dieser förderte ihn.*

Hier sehen wir ganz deutlich: Wir kommen aus dem Tal besser heraus, wenn es etwas gibt, was uns begeistert. Bei mir war es, das Buch zu schreiben, beim Serviceleiter seine Affinität für digitale Produkte, bei Thomas der Job mit wirklicher sozialer Relevanz.

### Die Action-Hebel

Ohne „Machen" gibt's keinen Erfolg. Jetzt geht es darum, einfach loszulegen und zu machen. Das Tun auf die eigene Kappe zu nehmen und damit die Opferhaltung zu verlassen, das machen Macher. Man nennt das auch „die weitere Verantwortung für sich übernehmen". Wir sollten alle schneller ins Tun kommen. Weniger denken, mehr machen. Denn der Denker bringt den Kritiker mit sich und damit die Stimmen, die uns abhalten und immer wieder am Tun hindern.

Wir denken zu viel und tanzen zu wenig. Bewegung tut gut, wenn wir feststecken.

Wenn es um deinen Change geht, dann heißt es loslegen. Im Unternehmen brauchen wir einen Kontext, in dem Mitarbeiter ihre Ideen einbringen dürfen und auch „mal machen" dürfen. Flexible Chefs, die Stärken ihrer Leute erkennen und fördern und nicht sagen: „Mach doch einfach deinen Job", sind angesagt. Über den eigenen Tellerrand zu schauen ist der Glücksbringer und Booster zugleich.

Du willst loslegen mit deinem neuen Ziel? Du willst eine Neuerung im Team einführen oder du willst selbst etwas Neues angehen? Zahlen, Daten und Fakten sind wichtig, doch die reichen nicht aus. Change-Prozesse scheitern, wenn wir zu viel denken oder reden und zu wenig tun. Wir wissen sehr viel und handeln zu wenig, oder? Wir wissen alle, dass Rauchen ungesund ist, aber lassen wir es? Nein. Also die Zahlen, Daten und Fakten sind da, die reichen aber nicht.

Wie kannst du in Aktion kommen? Dafür gibt es drei tolle Hebel: den emotionalen Schub, den Entdeckergeist und die Macht der Schlüsselgewohnheit.

### Der emotionale Schub

> *Mein Patenkind sollte mit 5 Jahren ins Schwimmbecken springen und tauchen. Doch der Kleine wollte das einfach nicht. Seine Mutter hat ihm minutiös und rational in brillanter Weise erläutert, warum er springen soll und was es dabei zu tun gibt. Was passierte? Nichts. Die Schwimmlehrerin hingegen nutze einen kleinen Trick bei den Kindern. Sie hatte eine Handvoll orangefarbener Plastikfische, mit Magneten unten dran. Diese warf sie vor den Augen der Kinder ins Wasser und fragte: „Wer von euch will Nemo retten?" Und schwupps, waren alle im Becken, tauchten und suchten Nemo.*

Welchen emotionalen Boost kannst du nutzen, um leichter ins Tun zu kommen?

> *Beim Unternehmen Käfer ist Change Alltag, und viele neue Produkte werden kreiert. Wie alle Unternehmen befasst man sich auch dort mit dem Thema Nachhaltigkeit. Im Unternehmen wurde eine große Nachhaltigkeitsoffensive gestartet, die professionell aufgesetzt wurde, inklusive Zertifizierung. Das Konzept wurde auf drei Ebenen ausgerollt. Und man hat schnell erkannt, dass bei einer solchen Initiative die Eigenmotivation und persönliche Überzeugung das Wichtigste sind. So konnten sich interessierte Mitarbeitende als Nachhaltigkeitsbeauftragte melden. Eine Herausforderung war: Es wurde zu viel ausgedruckt, das sollte sich ändern. Alle wussten, dass Papier ein wichtiger Rohstoff ist und auch, dass man damit sparsam umgehen sollte. Doch das reichte nicht. Die Frage war: Wie schaffen wir diesen Change und vor allem auch die Sensibilisierung und Dringlichkeit bei den Mitarbeitern im eigenen Haus?*
>
> *Es gab folgende Idee: Neben jeden Drucker wurde ein Eimer mit zehn Litern Wasser aufgestellt und ein 12 Gramm schweres Holzstück hineingelegt. Genau diese Menge wird benötigt, um eine Seite Papier herzustellen. Eine erschreckende Erkenntnis. Dann wurde oberhalb des Druckers ein Schild mit folgender Aufschrift befestigt: „Bitte sorgsam ausdrucken, sonst ist alles im Eimer."*

Auch dieses Beispiel zeigt wieder wunderbar, wie ein emotionaler Schub Change vereinfachen kann.

## Der Entdeckergeist

Ein weiterer Hebel für deinen Change ist: Nutze das Mindset von vielen Start-ups und sei mutig im Ausprobieren und im Experimentieren. Oder nutze das Mindset von Kindern, denn von ihnen können wir viel lernen. Sie sind neugierig und probieren sich den ganzen Tag aus. Ich bin mit 19 Jahren Mama geworden und daher verwundert es dich vielleicht auch gar nicht, dass ich schon Oma bin. Mein erstes Enkelkind, Severin, ist mein wahrer Change-Master. Er ist absolut im Hier und Jetzt. Das ist für Kinder nichts Besonderes, doch für uns Erwachsene schon. Als er Laufen lernte, fiel er hin, lachte, stand auf und machte weiter. Das Ziel war da, die Dringlichkeit auch. Nach sechs Wochen wollte er nicht mangels Motivation und Durchhaltevermögen aufhören. Er wollte es unbedingt lernen. Er erkundet und erforscht den ganzen Tag. Es ist eine Freude, dem mittlerweile kleinen Dreijährigen zuzusehen. Er macht einfach und ist neugierig dabei.

Das Problem ist, wenn wir älter werden, haben wir viele Erfahrungen gemacht und gesammelt und sind eher Verwerter als Entdecker. Die Erfahrungen, das Wissen summiert sich und wir wollen es verwerten. Damit bleibt kaum Raum für den Entdeckergeist in uns.

Beobachte doch einmal kleine Kinder im Alter zwischen einem und drei Jahren. Die sind der Entdeckergeist pur und wollen alles ausprobieren. Um dein Mindset, deinen Big54Change Nr. 5, flexibel zu halten, schlüpf mental in die Rolle eines kleinen Kindes und geh – zumindest für ein paar Stunden am Tag – auf Entdeckertour. Nimm nichts als gegeben an, sondern entdecke die Dinge neu.

## Die Macht der Schlüsselgewohnheit

Es gibt eine Sache, die hilft dir ungemein, wenn du etwas Neues angehst. Dazu nutzen wir eine Eigenschaft unseres Gehirns. Wir wissen, dass unser Gehirn nach Möglichkeiten sucht, um uns im Alltag zu entlasten. Unsere täglichen Handlungen sind zwischen 30 und 50 Prozent keine bewussten Handlungen, sondern Routinen.[29] Mit diesen Routinen muss sich unser Gehirn weniger anstrengen. Wie können wir diese Macht der Gewohnheit für uns selbst bei Veränderungen und neuen Zielen nutzen?

Erst einmal möchte ich dir erläutern, wie Gewohnheiten überhaupt entstehen.

> *Ein simpler Rattenversuch, den der US-amerikanische Journalist Charles Duhigg[30] beschreibt, zeigt das ganz deutlich: Eine Ratte soll durch ein T-Labyrinth laufen und wird am Ende mit Schokolade belohnt. Beim ersten Mal wird geschnuppert, falsch abgebogen, das Gehirn ist hoch aktiv. Wenn die Belohnung, also die Schokolade, gefunden und das Ganze mehrfach wiederholt worden ist, werden die assoziierten Gehirnstrukturen abgeschaltet. Die Ratte muss nicht mehr nachdenken. Sie hat den Weg bereits verinnerlicht und die Gewohnheit gespeichert.*

Ein simpler Auslösereiz aktiviert das Umschalten in den automatischen Modus, je nachdem, welche Gewohnheit aktiviert werden soll. Die Routine kann körperlicher, emotionaler oder auch mentaler Natur sein.

Ein anderes Beispiel ist das Rückwärtseinparken.

> *Anfangs sind wir hoch konzentriert, doch von Mal zu Mal wird es weniger anstrengend. Wir handeln quasi unbewusst, wenngleich zielgerichtet. Unser Gehirn wird entlastet und es werden Kapazitäten für anderes freigesetzt. Interessanterweise wird unsere Hirnaktivität während der Gewohnheitsschleife heruntergefahren, jedoch nicht am Anfang oder Ende der Handlung. Das Gehirn muss offenbar zuerst erkennen, dass eine Routinehandlung eingeleitet werden soll. Am Ende realisiert es, ob es eine Belohnung bekommen hat (und wir perfekt eingeparkt haben), und nur dann wird die Gewohnheit gespeichert.*

Eine weitere interessante Erkenntnis ist, dass wir Gewohnheiten nicht beseitigen, jedoch verändern können.

> *Der obige Rattenversuch wurde abgewandelt, die Belohnung in einigen Durchläufen woanders hingelegt und anschließend wieder an die alte Stelle. Sofort war das Muster wieder da.*

Eine Gewohnheit verschwindet also nicht. Es wäre ja auch schrecklich, wenn wir nach dem Winter wieder neu Rad fahren lernen müssten. Dennoch erklärt das auch, warum es so schwer ist, Neues zu tun. Die alten Pfade und Straßen in unserem Gehirn bleiben bestehen, und wir müssen neue neuronale Routinen schaffen, um die Kontrolle über bestehende Gewohnheitsschleifen zu übernehmen.

Wir können den Prozess mit wenigen definierten Schlüsselgewohnheiten unterstützen, die wir identifizieren und als mächtigen Hebel nutzen können. Und noch mehr begünstigt wird das Ganze, wenn wir es in einer Gruppe tun.

> *Forscher erkannten bei adipösen Patienten, dass es sehr schwierig für diese ist, den Lebensstil von Grund auf zu ändern. Alte Essgewohnheiten übermannten die Patienten sehr schnell wieder. Also sollten sie eine einfache neue Gewohnheit bilden: Einmal pro Woche um 17 Uhr schrieben sie auf, was sie aßen. Aus diesem Protokoll legten sie ein Esstagebuch an. Mit der Zeit erkannten sie ihre Muster und gewöhnten sich an, Obst zu essen, statt zu naschen, und bewegten sich mit der Zeit mehr. Dieses Esstagebuch wurde zur Schlüsselgewohnheit, das zur Hebelwirkung für andere Gewohnheiten wurde. Nach sechs Monaten hatten die Patienten doppelt so viel Gewicht verloren wie eine andere Gruppe ohne solche Routinen.*

Wenn viele Veränderungen anstehen, ist es für mich wichtig, mich immer wieder zu entspannen und zu stabilisieren, gut für mein inneres Kind zu sorgen. Also nahm ich mir vor, anzufangen zu meditieren. Ich versuchte es zu unterschiedlichen Zeiten, doch ohne Erfolg. Dann griff ich auf die Erkenntnisse der Gewohnheitsforschung zurück. Der Auslösereiz war der Wunsch nach Entspannung. Die Belohnung war morgens meine erste Tasse Kaffee in entspanntem Zustand nach der Meditation. Die Bildung dieser neuen Gewohnheit war sehr erfolgreich.

Wie kannst du diese Erkenntnisse auf Veränderungen und Neuerungen für dich übertragen? An welche Gewohnheiten kannst du andocken, um etwas Neues zu implementieren?

**Ein einfacher Tipp, wenn du Führungskraft bist:**
*Wenn es um Veränderungen in Organisationen geht, so gibt es auch hier Gewohnheiten. „Institutionelle Gewohnheiten", so heißen Rituale von Gruppen und Teams und sind das Pendant zu individuellen Gewohnheiten. Empirische Befunde zeigen, dass Change*

*einfacher über die Veränderung von Gewohnheiten gelingt, indem wir alternative Routinen finden und implementieren. Der Glaube an den Erfolg im Team ist unerlässlich, und dieser wächst bei gemeinschaftlichen Erfahrungen noch mal ein Stück.*

*Ein Unternehmensbeispiel ist Alcoa, wo Krisen als Gelegenheiten gesehen werden, Rituale und Muster von Unternehmen anzupassen und neu auszurichten. Der Vorstandschef nahm sich vor, eine einzige neue Schüsselgewohnheit einzuführen, um Arbeitsunfälle zu verringern. Er suchte eine auslösende Veränderung, eine neue Gewohnheit, die vieles verändern und einen Dominoeffekt haben sollte. So musste ab sofort immer, wenn ein Unfall passierte, der Bereichsleiter binnen 24 Stunden Vorschläge dafür machen, wie ein solcher Unfall in Zukunft vermieden werden konnte. Zudem wurde das Beförderungssystem daran geknüpft. Jede Sparte musste ein neues Kommunikationssystem installieren, das es für die einfachen Arbeiter wie auch den Manager erleichterte, neue Vorschläge zu übermitteln. Schritt für Schritt änderten sich die firmeninternen schwerfälligen Verhaltensmuster. Die Kosten sanken und in der Konsequenz stiegen Qualität und Produktivität.*[31]

Was kannst du in deinem Team zum neuen Ritual machen, das euren Change begünstigt? Welche Rituale bestehen schon? Wo kannst du mit neuen Dingen andocken?

### Heiter scheitern und Erfolge feiern

Wenn du etwas Neues tust, ist eines ganz klar: Du wirst Fehler machen und auch scheitern. Lass dich nicht von deiner Perfektionismus-Stimme herunterziehen! Dein Kritiker findet in jeder Suppe ein Haar, auch wenn gar keins drin ist. Schalte deinen fitten Erwachsenen ein und stell die kritischen und ungünstigen Stimmen auf mute.

Erinnerst du dich noch, wie sehr du dich beim Autofahren angestrengt hast, als alles neu für dich war? Oder denk ans Fahrradfahren und wie oft du den Boden aus der Nähe gesehen hast. Wie wir alle hast du anfangs viele Fehler gemacht – und jetzt? Alles ist mittlerweile eine Routine und du machst es mit links.

Nichts anderes gilt für den Change: Auch er ist anfangs ungewohnt und fühlt sich merkwürdig an. Auch hier läuft zu Beginn nicht alles rund. Wenn etwas nicht funktioniert, mach etwas anderes, und wenn etwas gut funktioniert, mach mehr davon. Big54Change Nr. 5 ist hier wichtig. Bleib in einer wohlwollenden Haltung dir selbst gegenüber. Richte dich immer wieder auf und nimm Haltung an. Erfolglose Menschen unterscheiden sich von erfolgreichen darin, dass erfolgreiche mit Scheitern umgehen können und weitermachen.

Wenn du deine Ziele und Schritte genau definiert hast, bestimmen diese Gedanken deine mentale Haltung und damit dein „inneres Spiel". Diese Metapher hat Tim Gallwey, ein amerikanischer Sportpädagoge, kreiert.[32] Dein Ziel ist es, dein inneres Spiel zu gewinnen. Du tust alles dafür, die richtigen Schritte zu gehen und dich an deinen Plan zu halten. Doch es können von außen Dinge auf dich einwirken, auf die du keinen Einfluss hast und die ein Scheitern mit sich bringen.

Weiß du was: Sieger werden aus Niederlagen geboren. Jetzt heißt es, sich auf das innere Spiel zu fokussieren und sich nicht von den äußeren Gegebenheiten runterziehen zu lassen. Auch wenn du dann das äußere Spiel verloren hast – dein inneres Spiel hast du gewonnen, weil du alles dafür getan hast. Die Wahrscheinlichkeit, das äußere Spiel das nächste Mal zu gewinnen, wird größer, je besser du auf dein inneres Spiel achtest.

Was wir auf keinen Fall vergessen sollten: Das anzuerkennen, was wir in kleinen Babysteps geschafft haben. Feiere deine kleinen Erfolge. Klopf dir auf die Schulter. Halt inne und sei dankbar. Erfolge sind zum Feiern da. Mach regelmäßige Retrospektiven: Blick zurück und evaluiere dein Denken und Handeln. Das gilt für Einzelpersonen im Change wie für ganze Teams.

**Ein einfacher Tipp, wenn du Führungskraft bist:**
*Wenn du Führungskraft bist: Findet gemeinsam im Team Erfolgsrituale, belohne deine Leute bei ihren kleinen Erfolgen. Empowere sie, mutig weiterzumachen, und steh selbst als Coach zur Seite. Wichtig ist, dass es zum Erfolg kommt. Changemüde werden Mitarbeitende, wenn sie gefühlt dauernd Change erleben und keine Erfolge ernten.*

## Beidhändig in den Change

Auf dem Weg zum Change, auf dem Weg zu unseren Zielen jonglieren wir gefühlt mit vielen Bällen, denn wir sind unterwegs von unserer alten in die neue Welt. Dabei ist eines klar: Wir brauchen beides, das Alte und das Neue. Das sind große Herausforderungen; im Unternehmenskontext heißt das „Ambidextrie". Ambidextrie bedeutet schlichtweg „Beidhändigkeit", und beidhändig, genau das müssen wir sein auf unserem Weg bei unserer Selbstführung und auch, wenn wir Führungskraft sind und andere Menschen durch den Change führen.

Jetzt könnte man meinen, man braucht nur noch die Attribute aus der neuen Welt. So ist es jedoch nicht. Vielmehr ist diese Ambidextrie ein Spagat, den wir meistern müssen, ein Spagat zwischen Alt und Neu, denn beides ist wichtig.

Die Frage ist: Wo sind welche Attribute sinnvoll? Immer flexibel zu sein, kann zu Chaos und Unstrukturiertheit führen. Bei manchen Dingen ist eine gewisse Starrheit erforderlich, so zum Beispiel, wenn Handgriffe sitzen müssen. Bei einfachen Prozessen ist das Streben nach Fehlerfreiheit gut. Bei Innovationen müssen und werden wir Fehler machen.

Wo wird was benötigt? – Das ist die Masterfrage. Und wie können wir das Gute aus der „alten Welt" nutzen und uns dennoch aufmachen in die neue Welt? Wie können wir unser Wissen, unsere Erkenntnisse bestmöglich verwerten und dennoch offen sein, neugierig bleiben und den Entdeckergeist pflegen? Das ist unsere Herausforderung, unser Balance-Akt.

| **Alte Welt** | **Neue Welt** |
|---|---|
| Was und wie? | Wofür |
| Schwächen minimieren | Stärken leben und ausbauen |
| Starrheit | Flexibilität |
| re-aktiv | pro-aktiv |
| funktionieren | sich entwickeln |
| geringer Energieverbrauch | Komfortzone verlassen |
| Fehlerfreiheit | aus Fehlern lernen |
| hinnehmen | hinterfragen |
| (vermeintliche) Planbarkeit | gelebte Unsicherheit |
| denken | machen |
| langwierige Ziele | Sprints und kleine Erfolge feiern |
| verwerten | entdecken |
| *Ergänzung für dich als Führungskraft* | |
| Weisung und Kontrolle | Innovationen treiben und Co-Creation |
| Silodenken | Wissen mehrt sich, wenn man es teilt |
| Delegation | Coaching |
| Hierarchie | Führung als Dienstleistung auf Augenhöhe |

# 5. Plus-Minus

*„Alles verändert sich. Nichts bleibt wie es ist."*

Bei Plus-Minus befinden wir uns in einer positiven Ausgangssituation, doch diese geht in eine negative Zukunftssituation über. Einfach gesagt: Es geht dir gerade gut, aber das bleibt nicht so. Der Weg geht vom Plus ins Minus. Auch hier gibt es unterschiedliche Konstellationen mit unterschiedlichen Dynamiken. Mal fühlst du dich zu wohl im Status quo und denkst überhaupt nicht daran, dass sich etwas ändern könnte, dann bist du taub und blind für die Veränderungen um dich herum, weil du einfach zu beschäftigt bist, oder du willst den Wind of Change partout nicht spüren und tust so, als sei er nur ein laues harmloses Lüftchen.

Doch allen Konstellationen gemeinsam ist, dass es eine gute Situation bzw. Phase in deinem Leben gibt, und dann rutschst du ab ins Minus. Damit es nicht im Negativen bleibt, zeige ich dir wieder Wege, wie du den Change-Code wieder zum Plus wendest.

## Strategien für die Rückkehr ins Plus

Auch ich befand mich schon in einer solchen Phase.

> *Es lief gerade richtig gut in meinem Leben. Ich war Trainerin, Beraterin und Coach und dazu noch Führungskraft in einem angesehenen Trainingsunternehmen und hatte viele tolle Projekte zu den Themen „Leadership" und „Change" hinter mir. Die Frage war: Jetzt das eigene Business gründen oder doch noch ein wenig Namedropping mit einer bekannten Unternehmensberatung betreiben? Nach einigem Hin und Her entschied ich mich, zunächst noch angestellt zu bleiben. Es konnte ja nicht schaden, in einer anderen Managerposition noch ein paar Erfahrungen zu sammeln. Diese Entscheidung hat mein Kopf getroffen, mein Herz wäre lieber eigene Wege gegangen. Doch darauf habe ich (mal wieder) nicht gehört. Es schien ja auch eine sichere und gewinnbringende Managementposition zu sein in einem renommierten Beratungsunternehmen.*

*Mein Chef war ein sehr netter Typ, und anfangs lief auch alles gut für mich. Das änderte sich jedoch schnell. Die Unternehmenskultur war mir fremd, ich hatte gleich gemerkt, es fühlte sich ein wenig „eisig" dort an. Wenig Herzlichkeit, dafür mehr „billable hours". Die Geschäftsleitung war eher konservativ. Ich war kaum ein paar Wochen im neuen Job, da kam die Diagnose: frozen shoulder, eine Steife in der Schulter. Irgendwie war etwas in mir eingefroren, verhärtet.*

*Ich hatte eine Vier-Tage-Woche und es war mir per Nebentätigkeitsgenehmigung erlaubt, eigene, nicht kollidierende Projekte fortzuführen. Davor hatte ich den Preis für die Beste Keynote in der GSA University gewonnen und meine Keynote-Speaker-Karriere war auf dem aufsteigenden Ast. Daher versuchte ich dieses Business auch weiter auszubauen. Auf einen LinkedIn-Post bekam ich die folgende, etwas spöttische Reaktion aus dem Top-Management meiner Firma: „Sollen wir denn unseren Change jetzt tanzen?" Ehrlich gesagt, hätte dort ein wenig kreative Bewegung gutgetan, doch wie du dir schon vorstellen kannst, war meine Meinung nicht gefragt.*

*Dann passierte es: Meine Probezeit wurde nicht verlängert, was einer Kündigung gleichkommt. Es wurde umstrukturiert und die „Neuen" mussten dran glauben. Ein wenig Rest-Wertschätzung gab es, denn man wollte mit mir als Externe weitere Leadership-Formate durchführen. Da war er wieder, mein alter Bekannter, der unliebsame persönliche Change. Wie konnte das passieren? Ich war gefrustet. Die Change-Kurve begann ihren Lauf. Mein Traum, in einer Top-Unternehmensberatung zu arbeiten, war schnell wieder geplatzt. Aber das Gute war: Die Stabilisierung ging dieses Mal schneller. Das ist unsere Ernte, wenn wir an uns arbeiten. Das Tal der Tränen war zwar da, doch ich hatte schnell ein neues Ziel und wollte endlich mit Ende 40 gründen. Meine Karriereleiter hatte mal wieder an der falschen Wand gestanden, doch nun konnte ich sie endlich an die richtige rücken. Mittlerweile habe ich schon viele Klienten gecoacht, die ihren Job verloren haben, denn ich weiß, wie sich das anfühlt.*

Dennoch habe ich mich in der Retrospektive gefragt, wie es so weit kommen konnte. Wie hatte ich es geschafft, von einem längeren Plus ins Minus zu rutschen? Wenn wir uns dem Ganzen mit dem Schemacoaching nähern, so sieht es folgendermaßen aus: Ich bin inneren

Stimmen gefolgt, die sagten, „Mach es perfekt". Was waren meine Motive, zu dieser Top-Beratung zu gehen? Ich wollte etwas beweisen. Dahinter stand auch mein Gefühl, nicht zu genügen. Ja, ich gestehe mir das ein, manchmal gibt es auch bei mir im tiefen Innersten noch das Selbstwertthema und die Zweifel, nicht gut genug zu sein.

Viele Menschen um mich herum haben mir gesagt: „Mach doch endlich dein eigenes Ding!" Gute Freunde haben mich gefragt: „Wieso willst du da hin? Das brauchst du doch gar nicht." Doch die Stimmen, es perfekt machen zu müssen, haben mich getrieben. Ich war in der Überkompensation. Als ich meinen inneren fitten Erwachsenen einschalten konnte, war bald klar: Das war gar nicht mein Traum gewesen. Ich hatte das nur vorgeschoben, weil ich mir mit dem Namen der Top-Beratung selbst etwas beweisen wollte. Ich wollte mit diesem Namen meinen eigenen Selbstwert aufwerten. Es ist ein ganz normaler Prozess, dass wir unseren Selbstwert erhöhen wollen. Die Frage ist immer, in welcher Ausprägung und zu welchem Preis. Dieser war zu hoch. Mein Körper, mein Herz hat das schneller bemerkt als mein Kopf.

Das Gute kam am Ende: Wenn wir uns weiterentwickeln, werden wir belohnt. Es heißt nicht, dass einem nichts Schlimmes mehr passiert, doch wir kriegen es schneller in den Griff. Bei mir hat diese Minus-Phase keine zehn Jahre mehr gedauert, sondern nur noch sieben Monate. Dann war ich meine eigene Unternehmerin und wirklich angekommen. Meine Knackpunkte waren zum einen die Akzeptanz und zum anderen die Arbeit an meinen inneren kritischen Stimmen und die Pflege meines inneren Kindes, das gesehen und gehört werden wollte.

Reflektiere immer wieder, ob dein Ziel wirklich dein eigenes ist. Ist das dein Traum oder versuchst du dir „nur" etwas zu beweisen? Zu welchem Preis? Welche inneren Stimmen treiben dich an? Was braucht dein inneres Kind? Wie kannst du auf deinen inneren fitten Erwachsenen hören?

Die steife Schulter war drei Monate nach meiner Gründung wieder geheilt. Diese Minus-Episode war damit physisch wie psychisch glücklicherweise nur von kurzer Dauer. Im Volksmund gibt es den Satz: Lieber ein Ende mit Schrecken als ein Schrecken ohne Ende. Dieser Spruch hat wohl seine Berechtigung und passte zu meiner Situation. Ich war pro-aktiv in eine negative Situation gekommen. Wenn ich das mit meiner Minus-Minus-Phase beim Automobilclub vergleiche, habe ich hier das Minus schnell wieder in ein Plus wenden können und so Dauerminusse abgewendet. Die Frage ist, wie schnell und agil wir reagieren, um das Minus zu verkürzen, uns zu stabilisieren, um wieder ins Plus aufzubrechen. Es geht immer wieder darum, Strategien zu entwickeln, die uns ins Plus führen.

### Strategien, wenn der Worst Case eintritt

Wenn wir vom Plus ins Minus abfallen, dann geht der Weg, der Change, der Aufbruch, von vorne los. Die Knackpunkte und das, was ich unter Minus-Plus geschrieben habe, finden wiederum Anwendung. Du kannst den Code einfach weiter fortspinnen. Plus-Minus-Plus-Plus-Minus usw. Doch am Ende, wenn du ihn geknackt hast, sollte ein Plus für dich stehen, in der neuen Situation. Das fällt dir leichter, wenn du dich immer weiterentwickelst und auch lernst, immer wieder Minus in Plus zu wenden. Mit der Zeit fällt es leichter, den Code zu knacken, denn der Schlüssel liegt parat. Dann bist du gewappnet und kannst eine Minus-Situation immer wieder für dich zum Positiven kehren.

> *Anja ist Mitte 30 und im mittleren Management im Marketing tätig. Sie ist pflichtbewusst, fleißig, kreativ und will wirklich etwas im Job bewegen. Im Unternehmen geht es ihr gut. Ihr Ziel ist es, sich noch ein wenig besser zu positionieren, noch mehr gesehen zu werden, um noch mehr zu bewegen. Von der Persönlichkeit her ist sie ein sehr feiner Mensch und ein wenig zurückhaltend. Leistung und Pflicht wiegen mehr als gutes Eigenmarketing. Ihr Ziel: Sie möchte Head of Online Marketing werden. Alles läuft prima. Wir haben eine absolute Plus-Ausgangssituation. Dann knallt es. Im Strategie-Meeting mit der Geschäftsleitung drückt man den Change-Knopf: Ab heute alles anders. Das vorhandene System soll ausgetauscht werden. Anja kann ihre Ideen, die sie in Fortführung des Systems entwickelt hat, gar nicht mehr äußern. Die Präsentation, die sie vorbereitet hat, kann sie nicht mehr zeigen. Man speist sie ab mit den Worten, sie habe mit ihren Ideen nicht überzeugen können. Völlig frustriert geht sie nach Hause, innerlich hat sie bereits gekündigt. Sie fährt ihr Engagement fast bis auf null herunter, hat keine Lust mehr auf ihre Arbeit.*

Ja, es kommt oft anders, als wir denken. Schwupps, war Anja im Minus. Hätte sie es vermeiden können? Den Change und die Entscheidung der Geschäftsführung sicher nicht. Doch ihre Reaktion darauf hätte sie ändern können.

Genau hier setzt meine Coachingarbeit mit Anja an. Wir feilen an ihrem inneren Spiel, an ihrer Haltung, der inneren und der nach außen erkennbaren. Wo der Schmerz ist, ist der Knackpunkt. Statt aufzugeben und es hinzunehmen, heißt es jetzt, durch Fragen zu führen. Anja hört zudem noch die innere Stimme sagen: „Nimm dich nicht so wichtig!“ und geht in schwierigen Situationen in die Vermeidung. Diese Bewältigungsstrategie haben wir uns genau angesehen, um sie dann zu verändern. Anstatt sich nicht zu wichtig zu nehmen, entwickelte Anja den Satz: „Fordern als Strategie nutzen.“ Natürlich, wenn man wie sie im Meeting überrumpelt wird, fällt einem nichts Gescheites ein. Das ist eine große Challenge für alle und noch eine größere für „Vermeider“. Absolut verständlich, wenn wir dann frustriert und geschockt sind. Schlagfertig sind wir gerne ein paar Stunden später. Anja hätte im Vorfeld alle möglichen Szenarien für den Ablauf des Meetings durchspielen und sich dabei ebenfalls auf ein Worst-Case-Szenario wie geschehen vorbereiten können, zum Beispiel mit ein paar Fragen.

Wenn du kritisiert wirst oder deine Ideen abgewiesen werden mit oder ohne weitere Begründung, stell eine oder mehrere der folgenden Fragen – so hast du schon einmal „Munition“ und gewinnst etwas Zeit, um dich von dem Schock zu erholen. So erweckst du auch nicht den Eindruck, hilflos zu sein:

„Was meinen Sie damit genau?“
„Können Sie mir das bitte noch einmal erläutern?“
„Was ist genau Ihr Punkt?“

Konkret bei unserem Beispiel: Der Chef sagt: „Das hat uns nicht überzeugt.“ Diese Fragen sind hilfreich:
„Wie hätte ich Sie überzeugen können?“
„Welcher Punkt hat Sie nicht überzeugt?“
„Was brauchen Sie, um überzeugt zu werden?“
„Was kann ich tun, um Sie umzustimmen?“

Wenn du im Vorfeld kein Worst-Case-Szenario durchgespielt und damit auch keine Gegenfragen parat hast, kannst du Folgendes tun, um die Situation zu beeinflussen:

- Wenn du geschockt und erst einmal sprachlos bist, nimm die Situation an. Akzeptier sie. Es läuft gerade nicht nach Plan. Wenn notwendig, drück die Pause-Taste, um dich innerlich zu stärken. Entschuldige dich zum Beispiel und flüchte erst einmal zum Durchschnaufen auf die Toilette. Dann greifst du auf Big54Change Nr. 5 zu und arbeitest an deiner Haltung, um deinen fitten Erwachsenen zu stärken. Du machst die Embodiment-Übungen und richtest dich auf.* Am Telefon kannst du so tun, als ob die Leitung auf einmal eine Störung hat und du den anderen nicht mehr verstehst, und legst auf. Nach deiner Stabilisierung rufst du wieder an und entschuldigst dich für den schlechten Empfang.
- Das klappt auch als Zeitgewinn bei Online-Meetings.
- Du kannst dazu auch noch Alliierte anzapfen. Das heißt, du visualisierst Menschen, die dir absolut gut gesonnen sind, und diese begleiten dich im Geiste wohlwollend und stärkend zurück ins Meeting. Ich habe eine ganze Palette von Alliierten für schwierige Situationen, die mich mental stärken. Wenn ich zum Beispiel vor 3000 Zuschauern spreche, ist in Gedanken immer meine liebevolle und wertschätzende Mentorin mit dabei.

Also ganz wichtig: Wenn du überrumpelt wirst, drück die Pausetaste, dissoziiere dich vom Problem und tu dir schnell etwas Gutes. Dann nutze die simple Rückfragetechnik, um den Ball zurückzuspielen und wieder ein wenig mehr in Führung zu gehen. Am Ende verhinderst du natürlich nicht den Schock, doch du gehst als Gestalter aus dem Meeting, nicht als Opfer. Schlaf darüber, weine, sei enttäuscht, wütend und dann: Akzeptiere das, was ist. Du durchläufst deine Veränderungskurve. Dann überlege dir, was du wirklich willst, und bereite genau das strategisch vor. Bitte dann um einen zweiten Termin.

Anja war gut mit positiven Argumenten für ihr Ziel und ihre Strategie vorbereitet gewesen. Doch leider kam sie gar nicht dazu, diese anzubringen. Es ist sehr gut, gut vorbereitet zu sein, und noch besser, auch ein Worst-Case-Szenario durchzuspielen, und zwar bei jeder Verhandlung, bei jeder Situation, in der du überzeugen willst. Du sollst nicht negativ denken, sondern nur alle Möglichkeiten durchdenken, damit du nicht geschwächt werden kannst bei Ad-hoc-Veränderungen.

Und auch Anjas Geschichte ging gut aus:

> *Anja konnte die Meeting-Resettaste drücken und bekam eine neue Chance im nächsten Termin. Dafür hatte sie Best-Case- und Worst-Case-Szenarien durchgespielt und fühlte sich sicher. Sie hatte ihr inneres Spiel in der Hand, und so reagierte sie auch im Meeting nach Plan. Sie forderte, erhob ihre Stimme und stand für sich und ihre Ideen ein. Sie war mutig und stark. Das Resultat: Die Geschäftsführung folgte ihr in den Argumenten, und ihr positiver Change, die Head-of-Online-Marketing-Stelle, war greifbar nah.*

### Strategien, wenn die Alarmglocken nicht gehört wurden

Eine andere Konstellation tut sich auf, wenn wir etwas wirklich gut können und uns weigern, uns oder etwas zu verändern. Es läuft doch alles hervorragend, wieso jetzt Wandel? Bei solchen Veränderungen verhalten wir uns re-aktiv. Die Ausgangssituation ist gut und günstig, alles tippi-toppi. Wir sind erfolgreich in dem, was wir tun, und sind daher nicht offen für etwas Neues. Genauso ist es in Unternehmen. Wenn das Geschäft läuft, denkt man nicht an Neuerungen und Innovationen. Warum auch? Passt doch alles.

Wenn sich Personen und auch Firmen, die erfolgreich sind, auf ihrem Erfolg ausruhen oder schlichtweg zufrieden mit dem Status quo sind, generieren sie wenig bis gar keine Innovationskraft. Möglicherweise legen sie sogar eine gewisse Arroganz an den Tag und entfernen sich von der Demut und auch von der Achtsamkeit. Das kann fatale Folgen haben.

> *In einem großen Münchner Klinikum führte die Loyalität zum Chef zur negativen Veränderung und Minusphase. Oberarzt Noah und der Chefarzt des Klinikums führten eine gute und für Noah positive und auch enge Arbeitsbeziehung. Sie arbeiteten schon viele, viele Jahre sehr gut zusammen. Noah war seinem Chef gegenüber immer sehr loyal, er verließ sich vollends auf ihn und stellte keine seiner Entscheidungen infrage, alles lief prima. Nun war der Chefarzt aber schon älter, und irgendwann kam*

*es, wie es kommen musste: Er ging in den Ruhestand. Noah blieb – und was passierte? Ein Change vom Plus ins Minus. Auf einmal veränderte sich für ihn alles zum Negativen; er kam vom jahrelangen Plus in eine ausgedehnte Minusphase. Ein neuer Chefarzt kam und kehrte mit einem neuen Besen. Er modernisierte Ausstattung und IT und führte auch auf moderne Art. In all den Jahren war Noah nicht wirklich achtsam gewesen; es hatte sich nichts an seiner Arbeit verändert, und er sich auch nicht. Seine Kollegen hatten sich schon lange selbstständig gemacht oder waren auf anderen Stationen beruflich aufgestiegen – sie hatten ihn immer gewarnt und gesagt, er solle an seine Karriere denken, an sich selbst, an seine persönliche Weiterentwicklung. Aber Loyalität kann auch Bequemlichkeit bedeuten und nach sich ziehen. Noah hatte die guten Ratschläge ignoriert und auf seine inneren Stimmen gehört, die ihm sagten: „Nimm dich nicht so wichtig. Du findest eh nichts Besseres." Erst als er unter dem neuen Chef so unglücklich wurde, als die Situation ins Negative abglitt, sah er die Wahrheit in den Kommentaren seiner Kollegen.*

Achte immer auf dich! Nichts ist für die Ewigkeit, Dinge verändern sich permanent. Sei aufmerksam und nimm dich wichtig. Mach deinen geschätzten Chef zu deinem Mentor und überlegt gemeinsam, wie deine Karriere weitergehen kann. So wird er zum wichtigen Unterstützer für dich. Du kannst ihm seine Wichtigkeit zeigen und er kann dich unterstützen. Damit profitiert ihr beide.

Trainiere deine Flexibilität und Achtsamkeit mit dieser kleinen Übung:

Abends, wenn du im Bett liegst, denke den Tag rückwärts von dem aktuellen Moment zurück bis zu dem Moment, an dem du am Morgen aufgestanden bist. Beobachte dich in dieser Reflexion. Wo gibt es Muster, die dir auffallen? Wo kannst du kleine günstige Veränderungen vornehmen?

Von deinen Big54Change ist hier besonders wichtig, dass du eine offene Haltung einnimmst. Es ist toll, dass es gut bei dir läuft. Dafür kannst du dankbar sein. Dankbarkeit gibt Kraft und Freude. Und dann ist es wichtig, dass du neugierig, umsichtig und achtsam durchs Leben gehst.

*Isabell wurde mit 28 Jahren direkt nach der Uni als Projektmanagerin eingestellt. Sie war schon immer sehr fleißig gewesen und in der Firma viel beschäftigt. Schnell stieg sie auf in die Team- und Projektleitung und fühlte sich durch und durch wohl im Unternehmen, einem mittelständischen Unternehmen, in dem jeder jeden kannte und wo alles gut lief. Doch vor Kurzem wurden die Bezüge aufgrund der schwierigen wirtschaftlichen Lage gekürzt. Eine Kollegin fiel mit Burn-out aus. Ein anderer kündigte und suchte sich einen neuen Job. Isabell arbeitete noch mehr, um die Ausfälle zu kompensieren. Sie hätte merken können, dass Change „in der Luft lag", doch sie steckte bis über beide Ohren in Arbeit und sah und hörte nichts anderes. Und dann, für sie völlig überraschend, kam die Kündigung. Sie hatte die Alarmglocken nicht gehört.*

Isabell war in die Arbeit „geflohen", und mit diesem Fluchtmodus hat sie um sich herum nichts mehr wahrgenommen. Welche Stimmen hatte sie in sich? „Mach es gut, gib dein Bestes. Du musst dich anstrengen." Das ist an sich nichts Schlechtes, doch wenn wir darüber die Realität verlieren und uns zu sehr verausgaben, schon. Eine 60- bis 70-Stunden-Woche war für Isabell normal. Im Nachhinein schien ihr das auch zu viel. Isabell hatte die Augen verschlossen und das, was andere bemerkt hatten, nicht gesehen. Ein wichtiger Knackpunkt war bei ihr, achtsam mit sich zu sein und Selbstfürsorge walten zu lassen. Sie lernte einen wertschätzenden Umgang mit sich und ihrem inneren Kind und bezog den fitten Erwachsenen in Zukunft als gesunde Instanz mit ein.

Wenn es gut läuft, wunderbar. Freu dich! Doch vergiss nicht, immer wieder deinen fitten Erwachsenen einzuschalten und Achtsamkeit walten zu lassen, indem du auch für dein inneres Kind sorgst. Nimm nichts als gegeben hin. Hinterfrage dich.

Das gilt genauso für Beziehungen.

*Claudia führte schon seit vielen Jahren eine glückliche Fernbeziehung mit ihrem Partner José, CEO in einem großen Unternehmen in Berlin. Sie skypten regelmäßig und telefonierten in jeder freien Minute, über WhatsApp und Snapchat hielten sie sich auf dem Laufenden. Alle 14 Tage verbrachten sie das Wochenende zusammen. Dann sagte José immer häufiger die Wochenend-Treffen ab oder reiste schon am Samstagabend wieder zurück nach Berlin. Claudia war zwar enttäuscht, dachte sich aber weiter nichts dabei, er hatte ja jede Menge Arbeit. Selbst als die Telefonate seltener wurden und er nicht mehr skypen wollte, schob sie das auf den Arbeitsstress. Doch plötzlich trennte er sich von ihr. Per WhatsApp-Nachricht. Er hatte in Berlin eine andere Frau kennen- und lieben gelernt, eine Kollegin. Claudia fiel aus allen Wolken. Damit hatte sie nicht gerechnet.*

Claudia hatte schrille Alarmglocken überhört. Für sie war der Status quo in Stein gemeißelt gewesen. Eine Änderung hatte sie überhaupt nicht in Betracht gezogen. Doch auch in einer Beziehung muss man an sich arbeiten und achtsam sein. Es gibt keine Garantie, dass etwas bleibt, wie es ist.

### Strategien, wenn die Lorbeeren zu bequem sind

Wir möchten alle gern erfolgreich sein. Unternehmen wollen erfolgreich sein. Es gab in der Vergangenheit Firmen, die wirkliche Vorbilder und Helden waren, und dann haben sie irgendwie den Anschluss verpasst. Sie haben an ihrem alten Erfolg festgehalten, sich auf ihren Lorbeeren ausgeruht; das war wie Klebstoff, der Change verhinderte. Das Paradebeispiel hierfür ist Nokia.

Das Unternehmen stand super da, fünf grandiose Jahre lang. Irgendwann war Schluss. Es kam zu Massenentlassungen. In Deutschland brach der Umsatz schon 2008 ein. Natürlich ist das ein komplexes Thema, stark vereinfacht runtergebrochen, doch eins ist dabei deutlich zu sehen: Apple und Samsung holten auf. Es gab plötzlich diese Handys, die auch Musik spielen und noch viel mehr konnten. Die „Smartphones“ wurden zum Sehnsuchtsobjekt der Kunden gemacht. Warum ging Nokia diesen Weg nicht mit? War das eine arrogante Fehleinschätzung des Marktes und der Glaube an die eigene Unbesiegbarkeit? Es scheint so. Erfolg killt Innovation. Das Problem ist, wenn Unternehmen erfolgreich sind, verlieren sie oft ihre Innovationskraft. Man feiert und verwertet, ist jedoch nicht mehr im neugierigen Entdeckungsmodus. Erinnere dich an die Herausforderungen der Ambidextrie. Das Business läuft erfolgreich und zugleich geht es darum, weitere Innovationen zu treiben. Eine wirklich beidhändige Challenge. Es gibt einige weitere Beispiele: Bei Kodak hatte man die Digitalfotografie übersehen und hing an alten Erfolgen fest. Leica blieb in der analogen Zeit hängen. Quelle klebte an den Katalogen, Blockbuster an seinen Leihvideos fest.

Was passiert hier genau? Der Fokus liegt auf dem operativen, erfolgreichen Geschäft. Vergangene Erfolge sind kein Garant für die zukünftige Marktführerschaft. Das Problem: Es gibt keinen Sense of Urgency, keine Dringlichkeit, da man ja erfolgreich ist. Die Dringlichkeit, etwas zu tun, zu verändern, fehlt komplett. „Wenn etwas funktioniert, mach weiter so", ist der Glaubenssatz. Ja, da ist etwas Wahres dran, doch es kann auch ein Trugschluss sein. Denn die Bedrohungen kommen langsam und manchmal auch schleichend daher. Die Gefährdung wird abgetan und heruntergespielt. Dann kommt der Tipping Point, an dem die Bedrohung exponentiell wächst. Und dann ist es zu oft schon zu spät.

**Ein einfacher Tipp, wenn du Führungskraft bist:**
*Wenn du Führungskraft bist, beobachte dein Team: Wer ist dabei, der Innovationen treiben kann? Wer hat viele Ideen und ist am Zahn der Zeit, so wie der BMW-Service-Teamleiter? Achte auf deine Leute und setz sie so ein, dass sie selbst in ihrer Stärke sind und damit Erfolge und weitere Innovationen fürs Unternehmen bringen. Bei Kodak gab es den Studenten mit den Ideen, auf den leider niemand gehört hat.*

*Überprüfe regelmäßig:*
*Gibt es irgendwo eine verzerrte Wahrnehmung? Was tut sich am Markt bei den Kunden?*
*Wie priorisierst du? Operativ und innovativ? Wer kann von deinem Team unterstützen?*

*Erfolge sollst du feiern. Das ist ganz wichtig. Doch ruht euch nicht auf den Erfolgen aus. Nichts bleibt, wie es ist. Wir befinden uns ständig in Bewegung.*

## Strategien, wenn das Jammern zu laut wird

Die letzte Konstellation von Plus-Minus ist einer bestimmten Spezies, den „Jammerkolonialisten", gewidmet. So nenne ich Menschen, bei denen es gut läuft, die aber dennoch immer jammern. Egal was ist, sie finden alles Mist. Das Projekt mit den Kunden lief gut. Dann tönt es von ihnen: „Aber beim nächsten Mal könnte das und das passieren." Diese Art der Miesepeterei ist nicht umsichtig, sondern einfach immer nur negativ. Etwas läuft gut, doch sie sehen das Schlechte darin, und zwar konsequent. Eigentlich sind es Reframing-Künstler der besonderen Art: der Abwertung des Positiven. Kennst du auch solche Jammerer? Die Ausgangssituation ist positiv, doch sie reagieren negativ. Das ist sehr anstrengend und kann sich auf die Stimmung auswirken, auf die eigene und auf die des Umfelds. Jammern kann einen runterziehen, wenn so gar nichts positiv gesehen wird.

Hast du dich schon einmal gefragt, warum so viel gejammert wird in Unternehmen? Kollegen jammern über die Arbeitsbelastung und die vielen Veränderungen, und es gibt auch ganze Teams, die Schwarzmalerei betreiben – früher war eben alles einfach besser.

Wenn wir das Ganze im Schemacoaching betrachten, so ist das Jammern ein Aufschrei des inneren Kindes, und natürlich kommt der Vermeidungsmodus dazu. Bevor Bedürfnisse geltend gemacht werden, wird lieber in epischer Breite gejammert. Irgendein Bedürfnis wurde nicht erfüllt und die Konsequenz ist: Jammern. Häufig stecken auch hier kritische Elternstimmen dahinter, die wir verinnerlicht haben. Vielleicht musste alles schwer sein und nur „das im Schweiße deines Angesichts Erreichte“ zählte. Oder die Stimmung war eher negativ und es hieß „bloß nicht zu positiv sein“ oder „sich nicht zu wichtig zu nehmen“. Oder der Klassiker „Hochmut kommt vor dem Fall“. Dann lieber ein wenig Katzenjammer. Etwas Schlechtes findet sich immer, überall.

Doch warum das ganze Gejammer? Es gibt noch weitere Hintergründe. Auch die afrikanischen Büffel schaffen es durch lautstarkes Jammern, die Herde zusammenzuhalten. Sogar angreifende Löwen haben keine Chance, wenn ein an den Rand gedrängtes Herdentier – völlig verzweifelt und von den Raubtieren bedroht – durch Jammern seine Weggefährten herbeifleht und diese ihn dadurch vor dem sicheren Tod retten. Im Job wird auch gerne in der Gruppe gejammert. Es geht zwar nicht mehr ums Überleben, aber durch unser Klagen verschaffen wir uns Aufmerksamkeit und Verständnis wie auch Mitleid. Beziehung und Wir-Gefühl werden durch Jammern hergestellt, niemand will aus dem Rahmen fallen, also macht man mit. Fakt ist: Jammern verbindet.

Zwar kann Jammern nützlich sein, um sich dazugehörig zu fühlen, das Gruppengefühl wird gestärkt, doch hat unser ständiges Klagen auch noch andere Auswirkungen: Beim Jammern konzentrieren wir uns immer nur auf die Defizite. Wir fühlen uns zwar zugehörig, aber zu einer defizitären Gruppe. Was passiert, wenn wir uns immer nur auf Mängel konzentrieren? Unser Selbstwertgefühl schwindet und wir trauen uns immer weniger zu. Dann geht's bergab. Hirnforscher belegen, dass wir die passenden inneren Bilder dazu in uns ausmalen und dass diese wiederum durch Feuerung der entsprechenden Neuronen, die sich vernetzen, Straßen in unserem Gehirn bauen. Auf diesen Straßen bewegen wir uns dann mit der entsprechenden Körperhaltung und Einstellung. Und dann wundern wir uns, dass immer genau das befürchtete Übel eintritt. Das Zukunfts-Minus ist vorprogrammiert.

Doch das Jammern lässt sich nicht so einfach beiseiteschieben. Was kannst du tun? Wenn du selbst ein kleiner Schwarzmaler bist, dann weißt du zumindest, wo es herkommt. Und du weißt auch, dass es nicht günstig ist, sondern zu einer Abwärtsspirale führen kann. Die Frage ist jetzt: Wie erreichst du den Knack- und Wendepunkt, um dich wieder auf deine Ressourcen und Stärken zu konzentrieren und anzufangen, kleine Schritte auf positiven Pfaden zu wandern?

Achte ganz besonders auf deine Bedürfnisse. Was will dein inneres Kind? Wann gibt es Ausnahmen vom Jammern? Was ist da genau anders? Jammerst du, um Aufmerksamkeit zu bekommen? Brauchst du mehr Wertschätzung und Anerkennung? Willst du gesehen werden? Was ist der wahre Grund für das Jammern? Was ist das Thema hinter dem Thema? Wo bist du wirklich unzufrieden? Nutz das Schemacoaching, um dich zu stabilisieren und aufzubauen.

Folgendes Tool kann dir nützlich sein: Externalisiere das Jammern. Installiere deinen ganz persönlichen Jammerstuhl. Ja, du hast richtig gelesen. Den Jammerstuhl stellst du in deiner Wohnung in eine Ecke und gibst dadurch dem Jammern Raum. Und wenn du klagen oder mal so richtig losjammern möchtest, dann setzt du dich darauf und lässt alles einmal so richtig raus. Du erlaubst dir das Jammern, allerdings eben nur auf diesem Stuhl – also Jammern mit Plan und Ziel! Das Gute: Nur der Stuhl und nicht die ganze Wohnung ist vom Jammern verseucht.

Die Fortgeschrittenen-Übung: Neben den Jammerstuhl stellst du einen Lösungsstuhl. Dort werden dann Lösungen gesponnen. Damit externalisierst du das Jammern auf den einen Stuhl und die Lösungen auf einen anderen. Sinnvoll ist es, nach einer gewissen Zeit, z. B. nach 20 Minuten, die Positionen zu wechseln.

**Ein einfacher Tipp, wenn du Führungskraft bist:**
*Wenn du Führungskraft bist, kannst du den Jammerstuhl und den Lösungsstuhl auch in deinem Team anwenden. Entweder vor Ort mit einer Jammer- und Klage-Ecke und einer anderen, der Lösungsecke. Das schafft Abhilfe und wirkt reinigend im Team. Das Ganze geht auch online mit einem Time-Boxing: Für 10 Minuten darf gejammert werden, und dann werden 10 Minuten lang Lösungen gefunden.*

Mit den Tools des Coaches kannst du es schaffen, einfach wieder ins Plus zu switchen.

Was mir auch wirklich wichtig ist: Wenn du den Change-Code für dich geknackt hast, heißt das nicht, dass nichts Negatives mehr in deinem Leben passieren wird. Natürlich wird der Change weiter herumwirbeln. Es geht mir auch nicht darum, das Negative zu beseitigen oder Wandel aufzuhalten, sondern dir den Umgang mit einer günstigen Haltung sowie Tools und Techniken zu erleichtern, sodass sich die Dinge schnell bessern. Dann kommst du in eine Gestalterhaltung und hast mehr Handlungsspielraum. Das gibt dir auch mehr Freiheit.

Wir haben nahezu alle Kombinationen des Codes durch. Jetzt kommt noch der schwierigste Part. Warum? Vom Plus weiterhin ins Plus zu gehen ist eine sehr große Herausforderung. Schauen wir sie uns genauer an.

# 6. Plus-Plus

*„Sei neugierig, egal, wie alt du bist."*

In meinem Change-Vortrag für Unternehmen habe ich eine kleine Geschichte aus John Kotters Buch „Das Pinguin-Prinzip"[33] adaptiert und etwas verändert. Ich rege die Zuschauer dazu an, sich vorzustellen, dass sie Pinguine sind und auf einem Eisberg leben. In der kleinen Metapher läuft alles prima, der Fisch schmeckt lecker, es gibt tolle Nachbarn, einen echt klasse Job und weit und breit ist kein Kreuzfahrtschiff in Sicht. Alle sind happy. Doch zwei Aufpasser-Pinguine, „Innovation Scout Pinguine" genannt, stellen bei ihrer Tour etwas fest: Der Eisberg schmilzt. Was ist jetzt das Problem? Keines. Warum? Na ja, momentan ist nichts zu tun. Der Eisberg schmilzt nämlich langsam. Noch ist nichts zu tun, doch irgendwann müssen die Pinguine umsiedeln. Irgendwann, aber noch nicht jetzt. Genau das ist das Problem mit der Dringlichkeit: Wenn es sie nicht gibt, bleibt alles, wie es ist. Und auch die Pinguine bleiben da, wo sie sind. No Change. Es ist nichts zu tun, alles läuft – noch – prima. Die Pinguine sind im Plus, doch wenn sie nicht handeln, wird daraus ziemlich sicher ein Minus. Aus der positiven Ausgangssituation wird eine negative Zukunftssituation. Die Frage ist nur, wann. Wie schaffen es die Pinguine, in dieser positiven Situation die richtigen Handlungen vorzunehmen, um auch eine positive Zukunftssituation zu erlangen?

## No Urgency – no Action?

Die große Herausforderung bei einer Ausgangssituation im Plus ist, dass keine Dringlichkeit besteht, irgendetwas zu verändern. Aus dem Plus können wir ins Minus kippen, wenn wir etwas übersehen. Aus dem Plus können wir uns auch weiterentwickeln und einen höheren Reifegrad erreichen. Doch oft lernen wir durch Leid, durch Druck. Wenn es nichts und niemanden gibt, der uns Druck macht, geht es für viele genau hier nicht weiter. Wenn die Krise uns ins Homeoffice schickt, dann müssen wir folgen. Die Dringlichkeit für diese Maßnahme ist da, auch wenn Homeoffice in vielen Unternehmen davor noch ein

„No-Go" war. Ganz oft habe ich früher von meinen Kunden gehört: „Homeoffice geht bei uns nicht." Doch dann kam alles anders, und sieh an: Knall auf Fall war das Unmögliche möglich. Auch in meiner Geschichte beim Automobilclub war für mich eine Dringlichkeit da, es ging für mich nicht mehr weiter. Also „musste" ich quasi etwas tun. Ebenso bei den vielen anderen Beispielen von Menschen und Unternehmen im Minus.

### Nutz die Big54Change

Hier sind wir jetzt bei einer Phase angekommen, die besonders ist. Sich aus einem Plus in der Ausgangssituation weiterhin positiv weiterzuentwickeln, zeigt den höchsten Reifegrad im Modell. Warum? Weil das hier nur selbstmotiviert und pro-aktiv geht. Du kannst es nur von innen heraus steuern.

> *Ich hatte ein wirklich gutes Jahr. Keynotes liefen online wie offline. Das Thema Change war und ist gefragt. Alle Unternehmen haben Change und damit auch Change-Unwillige. Die Veränderungen von der alten in die neue Welt bringen neue Führungsfragen auf. Daher hatte ich auch viele spannende Workshops, Trainings und Coachings. Ich durfte mit großartigen Kunden zusammenarbeiten. Mein Umsatzziel habe ich übererfüllt.*

Jetzt hieß es: Daran arbeiten, dass es so bleibt. Dass diese gute Phase auch ihr positives Vorzeichen behält. Was musste ich dafür tun? Welcher Change war notwendig? Was musst du tun, damit du im Plus bleibst?

Als Erstes geht es darum anzuerkennen, was wir geschafft haben. Das vergesse auch ich ab und an noch gerne. Sich ausruhen auf dem Erfolg hat nicht immer Zukunft, das haben wir im Kapitel „Plus-Minus" gelernt. Ein wenig Ruhe ist sicherlich gut. Doch im Sinne der Ambidextrie heißt es jetzt neugierig zu bleiben und zu fragen:

Was braucht der Markt, was brauchen meine Kunden? Wie kann ich mich von diesem klasse Plus weiterentwickeln und eine angenehme positive Zukunftssituation erreichen?

Ich habe mir die Frage gestellt: Was ist alles noch möglich in und aus dieser Situation heraus?

*Für mich hieß die Antwort: Internationale Keynotes im Streaming. Wenn alles online möglich ist, kann ich rein theoretisch morgens für New York, mittags für deutsche Kunden und abends für China sprechen. Per Streaming geht das völlig unproblematisch. Das Studio hatte ich dazu. Doch etwas Entscheidendes fehlte noch: Ich musste mein Englisch zur Brillanz hochfahren. Es war nicht schlecht, okay, vielleicht auch ganz gut. Doch um Kunden international zu inspirieren, wollte ich etwas drauflegen. Ich war vor vielen Jahren einige Monate im Referendariat in San Francisco in einer Anwaltskanzlei gewesen, mein Sohn, damals 13 Jahre alt, war mit von der Partie. Doch wenn wir eine Sprache nicht ständig nutzen, verlernen wir vieles ganz schnell. Im Berufsleben hatte ich Englisch eher selten benötigt. Daher waren meine Skills etwas eingeschlafen. Also hatte ich folgenden Plan: mein Englisch zu verbessern, um exzellente englische Trainings und Keynotes zu halten und so im Plus zu bleiben.*

*Ich startete begeistert, ohne Begeisterung funktioniert das nicht wirklich. Big 54Change Nr. 1 ist hier unabdingbar. Begeisterung muss für das Tun und das Ziel vorhanden sein. Das Ziel war gesetzt. Dann kamen die ersten Trainingsanfragen und Keynotes. Ich suchte mir zwei Lehrer und lernte mit ihnen online, so konnte ich alles gut vorbereiten. Die Trainings klappten gut. Doch danach wurde kein weiterer Auftrag auf Englisch gebucht. Wumms. Schluss mit lustig. Ich ließ es wieder schleifen. Trotz der Begeisterung für mein Tun. Wenn kein Termin konkret vorhanden ist, dann gibt es auch keinen Bedarf, aktiv zu werden. Wieder keine Dringlichkeit. Das hat mich ganz schön an meine Grenzen gebracht. Jetzt musste Big54Change Nr. 2 herhalten. Disziplin. Ich habe mich immer und immer wieder überwunden und weitergemacht. Seit der Entscheidung sehen mein Mann und ich auch heute nur noch englische Filme am Abend. Mein Mann macht mit, auch er hat ab und an englische Patienten. Doch auch bei ihm gibt es keine Dringlichkeit.*

*Es fiel mir wirklich teilweise sehr schwer. Ich machte mir immer und immer wieder mein „Wofür" klar: Menschen weltweit für Change zu begeistern, damit sie besser ins Tun kommen. Wir nutzten eine App und gaben uns ein Ritual: Am Wochenende gibt es immer zwei Lektionen inklusive der zu lernenden Vokabeln. Wir nutzten unser Wissen aus der Gewohnheits-*

> *forschung: Frühstück gab es nur nach einer Lektion. Manchmal war es dennoch extrem schwer. Sich immer und immer wieder zu motivieren, dranzubleiben und weiterzumachen. Doch ich bin nach wie vor dabei. Erst vor Kurzem sagte mein Lehrer: „Susanne, du bist wirklich besser geworden." Das hat mich sehr gefreut. Neues zu lernen dauert seine Zeit. Erst säen, dann ernten. Ohne Disziplin und Begeisterung wäre das nicht möglich gewesen. Jetzt trudeln immer wieder englische Keynote-Aufträge ein, und sie zu halten, fällt mir immer leichter. Doch da ich kein nativer Speaker bin, heißt es immer und immer wieder: Üben. Üben. Üben.*

Wir brauchen Leidenschaft und Begeisterung für das, was wir tun oder tun wollen. Doch wie es immer so ist: Begeisterung und Leidenschaft allein reichen nicht aus. Disziplin gehört unbedingt dazu.

> *Mein Mann ist Psychiater und begeisterter Hobbygitarrist. Er mag Michael Sagmeister, einen der besten Jazz-Gitarristen weltweit. Michael Sagmeister wurde in einem Interview gefragt, was seine Tricks und Kniffe sind, dass er so spielt, wie er spielt. Darauf kam die folgende Antwort: „Einer der besten Tipps und Kniffe, der beste Rat, den ich dir geben kann, ist: Üben. Üben. Üben. Auch wenn du tust, was du liebst, braucht es zum Wachsen, um weiter im Plus zu bleiben, Disziplin. Ein guter Musiker zu sein, hat nicht immer nur etwas mit Spaß zu tun, sondern ist hartes Arbeiten. Es erfordert Disziplin, wie in anderen Berufen auch." Sagmeister sagt: „Ich nehme jede freie Stunde meines Tages, wenn ich keine CD aufnehme oder unterwegs bin, um zu üben und mein Spiel weiterzuentwickeln."*[34]

Ganz wichtig also: Die Schlüssel, um aus dem Plus ins weitere Plus zu kommen, sind deine Big54Change Nr. 1 und 2. Mit diesen Kompetenzen knackst du den Code zu mehr Plus, diese müssen an Bord sein. Wenn keine Dringlichkeit vorhanden ist, müssen Begeisterung und Disziplin gut ausgeprägt sein. Dann brauchst du ein erstrebenswertes attraktives Ziel. Auch die weiteren Voraussetzungen für gelungenen Change von Minus zu Plus finden ihre Anwendung: Dein „Wofür" muss klar und stark sein. Eine Vision ist günstig. Und du solltest in deiner Stärke sein, um diese weiter auszubauen. Wenn du dich schwach fühlst, wird es schwierig mit dem Durchhalten. Aus der Stärke heraus lassen sich positive Veränderungen viel besser angehen und Ziele erreichen. Wie gesagt, das ist der höchste Reifegrad.

Werde dir immer wieder klar, wo deine Stärken sind. Nutz ein emotionales Zielbild, um dich zu motivieren. Dein Unterbewusstsein kann dir auch dabei ein wenig Hilfe leisten. Du kannst folgende Technik aus dem Mentalcoaching nutzen:

Nimm dir kurz vor dem Einschlafen ein paar Minuten Zeit und visualisiere, wie du dein Ziel erreicht hast. Dann geh ins Gefühl. Was nimmst du wahr, wie geht es dir? Was fühlst du, wenn dein Ziel erreicht ist?

Ich habe mir immer wieder vorgestellt, wie ich Menschen inspiriere und meine Keynotes auf Englisch halte. Ich lächle über das ganze Gesicht und sehe zufrieden lächelnde Kunden. Kunden, die mir E-Mails mit positivem Feedback schreiben, die mich wieder buchen. Jetzt kommt der wichtigste Schritt in dieser Übung. Man hat herausgefunden, dass Menschen, die zusätzlich noch dankbar für die Kleinigkeiten des Tages sind, ihr Ziel dreimal so schnell erreichen. Also für was bist du dankbar, wenn du auf deinen Tag zurückblickst? Die Dankbarkeit in diesem Moment bringt dich ins „Hier und Jetzt" zurück und du schläfst mit einem guten Gefühl ein.

Ich bin dankbar für viele Kleinigkeiten. Ich bin dankbar, dass der Kaffee oder das Abendessen geschmeckt hat. Dafür, dass ich gleich einen Parkplatz gefunden habe. Und so weiter. Also wirklich Kleinigkeiten. Eine Coaching-Klientin hat diese Visualisierungs-Übung auch erfolgreich angewendet und nannte es liebevoll mein „Gute-Nacht-Gebet für Durchstarter".

> *Mein Ehemann hat viel zu tun in diesen Zeiten als Arzt und Psychologe. Ich sage manchmal zu ihm: „Du machst Karma-Yoga, Dienst an der Menschheit." Und die Menschen sind so dankbar. An Weihnachten kommen körbeweise Geschenke von dankbaren Patienten an. Das höhere Ziel bei meinem Mann liegt klar auf der Hand. Er hat Patienten von Montag bis Freitag und er liebt, was er tut. Er hilft den Menschen einzeln, nicht in Gruppen. Er ist in seiner Stärke. Die Praxis läuft. Dennoch ist er immer wieder dabei, auch sich positiv weiterzuentwickeln. Er liest in seiner Freizeit Ärztezeitschriften und Fachbücher. Sein Dienst an der Menschheit treibt ihn an. Die Liebe zu dem, was er tut. Big54Change Nr. 1 ist sehr stark ausgeprägt, Nr. 2 hilft ihm, auf Fortbildungen zu gehen, wie zum Beispiel Kongresse. Er ist niemand, der gerne auf große Veranstaltungen geht. Er ist eigentlich lieber zu Hause. Doch er überwindet sich, weil er die Neuerungen in der Psychiatrie wiederum für seine Patienten benötigt. Genau das zahlt sich aus. Einer Patientin, die*

*eine spezielle bipolare Störung hatte, konnte er mit neu erlangtem „State of the Art"-Wissen extrem gut weiterhelfen. Das schafft persönlich neue Kompetenzen und neue Sicherheiten und mehr Freude beim Umsetzen des Neuen. Genauso verhält es sich bei mir beim Englisch-Lernen. Wenn die Kompetenz ausgebaut ist, haben wir mehr Freude und sind sicherer in der Anwendung des Neuen.*

## Wie du die Big54Change fütterst

Die Herausforderung deiner nachhaltigen Motivation ist bei Plus-Plus eine ganz besondere: Es geht darum, auch dann durchzuhalten, motiviert dabei zu bleiben, wenn es anstrengend wird. Nicht ganz einfach. Während ich dieses Buch schreibe, habe ich auch so einige Durststrecken beim Schreiben. Ich bin im Plus, liebe es prinzipiell zu schreiben und strebe mit dem Buch einen positiven Change, eine positive Zukunftssituation an. Ich will dich und viele andere Leser inspirieren und ermutigen. Doch es gibt auch diese Tage, da fällt es mir einfach sehr schwer zu schreiben. Da esse ich Süßes, fange an zu staubsaugen, räume auf. Wenn es mir schwerfällt ins Schreiben zu kommen oder überhaupt anzufangen, schlage ich eine Seite des Manuskripts auf und lese diese einfach nur durch. Meist fällt mir sofort eine Ergänzung ein, und dann geht das Schreiben los.

Für dich und deine Veränderungen heißt das: Such dir kleine Dinge, mit denen du weitermachen kannst, die dich weiterhin ins Tun bringen. Wenn du für eine Prüfung lernen willst und stattdessen die Wohnung aufräumst und den Kühlschrank leerfutterst, bremse dich und fang an, eine Seite oder auch nur einen Abschnitt vom Prüfungsstoff zu lesen. Nicht mehr und nicht weniger. James Clear schreibt das in seinem Buch „Die-1% -Methode": „Nimm eine Sache mit einer minimalen Veränderung und der Möglichkeit einer maximalen Wirkung."[35]

**Finde dein persönliches MVP – das Minimum Viable Project**
Im agilen Arbeiten gibt es den Ausdruck „MVP", das Minimum Viable Product. Wenn du ein Auto entwickeln willst, ist das MVP nicht der Reifen, sondern ein anderes einfacheres Fahrgerät, das der Kunden nutzen kann. Ein Reifen alleine wäre nur ein Bauteil. Ein MVP ist funktionstüchtig und einsatzbereit, sodass der Kunde es ins Herz schließen und testen kann. Genauso kannst du auf dem Weg vom Plus

zu weiterem Plus vorgehen. Daran angelehnt nenne ich das MVP das „Minimum Viable Project".

Richte dir dein Minimum Viable Project aus, dein minimal machbares Projekt. Wenn du eine Veränderung in deinem Leseverhalten anstrebst und dir vornimmst, ein Buch zu lesen, dann wäre dein MVP, eine Seite abends vor dem Einschlafen zu lesen. Wenn du einen gesundheitlichen Wandel vorhast und mehr für dich selbst machen willst und deine Wahl auf Yoga trifft, dann lege die Yogamatte einsatzbereit hin und mache eine Yogaübung. Wenn du Laufen gehen willst, lege deine Sportschuhe und Kleidung griffbereit, zieh sie an und geh ein paar Schritte um den Block damit. Finde eine abgeschlossene Sache, ein kleines Miniprojekt, das einen Wert für dich hat und sich positiv auf deine weiteren Pläne auswirken kann. Dieses Miniprojekt sollte einfach machbar sein und nicht viel Mühe erfordern und dennoch die Möglichkeit einer Hebelwirkung für deine weiteren Veränderungen haben. Du teilst etwas Großes einfach in kleine machbare Projekte und partizipierst von der Hebelwirkung deines Babystep-Tuns.

Um bei meinem Buchprojekt zu bleiben: Wenn ich mir vornehme, eine Seite zu korrigieren, komme ich schnell wieder in das Buch hinein, ohne Angst zu haben, dass mir nichts Schlaues einfällt. Damit ist der Wall der Blockade gebrochen und es kann weiter fließen. Die Überwindung, weiterzuarbeiten, wird so minimiert.

Was kannst du für dich als MVP entdecken? Welches kleine machbare Projekt kannst du easy für deinen Wandel angehen? Welche eine kleine Sache kannst du tun, die dich deinem Ziel ein wenig weiter voranbringt?

**Weitere Tipps & Tricks, um dich zu motivieren**

◇ **das Vor-Spiel**

Wenn wir Veränderungen als zum Spiel des Lebens gehörend ansehen, so gibt es dazu auch immer ein Vor-Spiel, das du nutzen kannst. Wenn du also dabei bist, dein inneres Spiel aufzubauen, denk immer an dein Vor-Spiel; es wird dich auf dem Weg zum Ziel und zum weiteren Plus unterstützen.

Nehmen wir wieder ein einfaches Beispiel. Du möchtest mehr Sport machen, überwindest dich aber nur schwer dazu. Die neuen Sportklamotten liegen immer noch in der Ecke. Keine Motivation. Jetzt solltest du an dein Vor-Spiel gehen. Einmal angenommen, du hast noch ein Online-Meeting und danach Feierabend. Dann ziehst du deine Sportklamotten schon vor dem Meeting an, zumindest die Sporthose, falls du nicht willst, dass die anderen dein Sportoberteil beim virtuellen Meeting sehen. Danach fällt dir das Loslaufen einfach leichter. Das Vor-Spiel dient dazu, Aktionen zu entkoppeln, um sie dann wiederum zu erleichtern. Was kannst du zu deinem Vor-Spiel machen?

◇ **der Homeoffice-Booster**

Homeoffice führt zu vielen unterschiedlichen Reaktionen bei Betroffenen – von Demotivation bis hin zu mehr Freiheiten und auch mehr Eigenverantwortung. Je nachdem, wie du tickst und welche Bedürfnisse du hast, kommst du damit besser oder schlechter klar. Meine Idee: Nutz Homeoffice als deinen persönlichen Wachstums-Booster. Die Isolation kann einen positiven Aspekt haben. Sie führt zu mehr Individualisierung. Wir sind auf uns selbst zurückgeworfen. Das können wir beklagen oder uns dazu entscheiden, das Beste daraus zu machen. Nutz das Homeoffice also, um zu reifen und zu wachsen und dir auch darüber klar zu werden, was du willst und was nicht. Im Homeoffice kannst du immer wieder ein paar Minuten Me-Time nutzen und dich reflektieren. Nimm die Hälfte der Fahrtzeit zu deinem Arbeitgeber, die ja entfällt, und nutz sie für dich und deine Entwicklung.

◇ **neue Pfade**

In meiner Tanzkarriere war die Premiere eines neuen Balletts immer von einem Zauber begleitet. Du kannst auch selbst Premieren kreieren und damit wieder und wieder den positiven Zauber von Wandel anzapfen. Wenn du etwas anders machst, trainierst du deine Flexibilität, Big54Change Nr. 4, und auch deine Neugierde, wenn du diese neuen Dinge bewusst und mit einem gewissen Staunen wahrnimmst.

Nimm einen anderen Weg in die Arbeit. Geh mit jemand Neuem im Unternehmen essen oder triff dich mit der Neuen auf eine virtuelle Tasse Kaffee. Ändere die Sitzordnung zu Hause beim Essen. Bestell im Restaurant etwas total Unbekanntes. Nimm die Zahnbürste am Abend in die andere Hand. Was fällt dir noch so ein?

◇ **neue Haltung**
Um gut für deine Zukunft und deine Entwicklung vom Plus zum weiteren Plus ausgerichtet zu sein, hilft dir Big54Change Nr. 5. Nimm eine erfolgsorientierte Haltung ein. In diesem Buch habe ich viel über Angst und deren Überwindung geschrieben. Angst gehört zum Change dazu wie die Nacht zum Tag. Wenn sie wieder hochkommt, lies dir das Kapitel nochmals durch. Sei wach, ergreif Chancen. Du hast nichts zu verlieren. Du kannst nur gewinnen. Entweder es klappt oder es klappt nicht und du hast dazugelernt. Bei Plus-Plus sind wir gleichsam Verwerter und Entdecker. Wir verwerten das Gelernte und entdecken Neues. Wir lernen weiter. Leben bedeutet auch lebenslanges Lernen.

## In Bewegung bleiben

*Ein Unternehmen, das ich zu meinen geschätzten Kunden zählen darf, ist Hawle in Österreich. Wenn du das Unternehmen nicht kennen solltest: Die Hawle Österreich Gruppe fertigt und vertreibt weltweit Qualitätsprodukte für die Wasserversorgung. Das Unternehmen ist als solches krisenunabhängig aufgestellt, und so lief und läuft es dort auch zu Corona-Zeiten sehr gut. Wir haben eine Ausgangssituation im Plus vorliegen. Dennoch bemühen sich CEO Martin Kast und COO Michael Bassani und das gesamte Board, sich immer wieder den Spiegel vorzuhalten, um sich immer weiter zu verbessern, sowohl als Team als auch als Unternehmen. Die Unternehmensstrategie wird flexibel angepasst und neu formuliert. Man fragt sich dort regelmäßig: „Welche neuen Potenziale gibt es und wie kann Hawle schneller und agiler werden?"*

*Da sich auch Hawle auf dem Weg von der alten in die neue Welt befindet, ging es beim Coaching auch um die Themen „New Leadership" und „Agilität" und wie das Executive Board als solches besser zusammenwachsen kann. Beschleunigung durch Vertrauen im Board, Vertrauen bilden und ausbauen, gute Kommunikation untereinander, das waren wesentliche Punkte. Für diese Themen gab es keine Dringlichkeit, keinen Sense of Urgency, irgendetwas zu verändern. Schlussendlich durchliefen Geschäftsführung und das Executive Board eine firmeninterne Coachingausbildung über ein Jahr, modular aufgebaut: „Coaching als ein Führungsstil in der neuen Welt, die Führungskraft als Coach". Das war insofern ein spannendes Projekt, als es in einer solchen Ausbildung auch ans Eingemachte geht. Lernen und Veränderungen erfolgen über persönliche Betroffenheit und Themen aus dem jeweiligen Bereich. Eine sehr mutige Geschäftsleitung, sich diesen Herausforderungen ohne große Not zu stellen. Was steckt dahinter? Martin Kast sagte mir: „Mir ist wichtig, dass wir in Bewegung bleiben und eine dauerhaft lernende Organisation sind und bleiben. Wir im Board gehen mit bestem Beispiel voran."*

*Die Coachingausbildung haben mein Geschäftspartner Gunhard Keil und ich gemeinsam als Lehr-Coaches durchgeführt. Wir waren begeistert von so viel Mut und Offenheit bezüglich dieser neuen Methode. Mit Coaching können wir uns selbst und unsere Mitarbeitenden entwickeln und so das höchste Gut im Unternehmen reifen lassen. Für das Board hat sich dieses Investment ausgezahlt. Das Vertrauen untereinander ist extrem gewachsen und das Team des Boards ist somit mehr zusammengewachsen. Damit ist auch schon der erste Schritt in Richtung Kulturwandel angestoßen. Vertrauen beschleunigt die Kommunikation und bewegt.*

Es gibt und gab viele Ausnahmepersönlichkeiten und CEOs auf dieser Welt, sicherlich zählen Elon Musk und Steve Jobs dazu. Sie machen immer weiter, echte Visionäre, die etwas bewegen wollen. Selbst ein Scheitern hält sie nicht ab. Sie wollen etwas voranbringen und sind hoch motiviert, auch wenn es keine Dringlichkeit gibt. Das Feuer der Begeisterung treibt sie an. Diese Menschen gibt es nicht nur an der Spitze von Megaunternehmen; sie sitzen auch direkt neben uns, und vor allem für uns als Führungskraft gilt es, sie zu entdecken und zu fördern.

*Tom war ein junger, talentierter Mitarbeiter im Sales Team. Was zeichnete ihn aus? Er war immer extrem neugierig und umsichtig. Auch er wollte sich weiterentwickeln und plante den nächsten Karriereschritt, den nächsten Change zur Teamleitung. Er war ein klasse Verkäufer, der den Kunden wirklich in den Mittelpunkt stellte und nicht nur so tat. Es lief gut bei ihm, er war im Plus. Tom hatte viele Interessen. Er liebte das Verkaufen und überlegte, wie man noch mehr Kunden für das Produkt begeistern konnte. Und er wollte die unternehmerischen Kennzahlen wie Deckungsbeitragsberechnung, EBIT etc. als künftiger Teamleiter Sales besser verstehen. Davon hatte er schlichtweg nicht so viel Ahnung. Tom hatte sich schon immer fürs Business Development interessiert, für neue Methoden im Verkauf und alles drum herum. So meldete er sich bei einer hybriden Fortbildung an. Der Kurs war von der Dauer her überschaubar und größtenteils flexibel durchführbar, und dennoch oder gerade deswegen verlangte er einiges von Tom ab.*

*Im Coaching mit mir sprach er von Lustlosigkeit und Motivationsproblemen, obwohl er auch sein höheres Ziel vor Augen hatte. Abends lümmelte er gerne lieber vor dem Fernseher herum und genoss seinen Feierabend. Hier setzten wir an. Erfolgreiche Menschen investieren in ihre Zukunft und lassen ein paar Sachen bis zum gewissen Maß los. Dazu gehörte in Toms Fall das Fernsehschauen – bis zu einem gewissen Grad. Drei Abende die Woche bildete er sich weiter und zwei Abende wurde zur Belohnung entspannt. So reduzierte Tom seinen Fernsehkonsum und erweiterte sein Know-how. Sein Opfer: kein TV. Sein Invest: die Online-Kurse. An den drei Lern-Abenden hatte er ein kleines Vor-Spiel für sich initiiert. Bevor er sich ans Lernen machte, stellte er seinen Laptop geöffnet auf den Couchtisch. Dann stellte er sich den Wecker auf die angestrebte Lernzeit. Sein bester Freund war eingeweiht und mit diesem hatte er abgesprochen, dass er Tom die ersten Male „überwachte" und ihn motivierte. Wenn Tom nach dem Lernen noch Lust hatte, gönnte er sich noch eine Serie auf der Couch und hatte seinen Fernseh-Konsum damit bewusst reduziert. Ein Teil des Business Developments befasste sich mit agilen Methoden wie zum Beispiel dem Canvas Business Model, und dort lernte Tom Co-Creation, die creative Collaboration kennen. Er war ein Mitdenker, bei dem es nicht nur beim Denken bleibt. So setzte er sich für Co-Creation ein. Er hatte die Idee, Kunden co-creativ in den Prozess mit einzubinden. Diese Idee zeigte wahres Potenzial im Unternehmen. Toms Kompetenzen wuchsen und das gab ihm wiederum mehr Sicherheit in seinem Job.*

Der in Toms Beispiel genannte Ansatz „Co-Creation" bedeutet eine neue Form der Zusammenarbeit, bei welcher Kunden an Innovationen und Veränderungen beteiligt werden, um die kollektive Kreativität zu heben. Viele Unternehmen entwickeln neue Produkte gemeinsam mit ihren Kunden. Das hat den positiven Effekt, dass Kunden sich ernst genommen fühlen, weil ihre Bedürfnisse und Wünsche in die Lösungsfindung mit einbezogen werden. Diese Vorgehensweise wird im agilen Arbeiten auf die Unternehmensentwicklung sowie Teams und Mitarbeiter übertragen. Kunden sind dann nicht nur die Externen, sondern auch Interne wie Mitarbeiter und Experten.

Wenn wir uns weiterentwickeln, sollte das in erster Linie uns und unseren Interessen dienen. Oft passiert dabei etwas Spannendes: Die persönliche Weiterentwicklung führt zur weiteren Entwicklung, wie hier bei Tom im Unternehmen. Es gibt keine Garantie, dass wir dann von Dingen wie Personalabbau oder anderen unliebsamen Maßnahmen verschont bleiben. Doch wenn wir kompetent sind und uns weiterentwickeln, sichern wir uns in jedem Fall für unsere Zukunft ab.

**Ein einfacher Tipp, wenn du Führungskraft bist:**
*Wenn du Führungskraft bist, solltest du für den nächsten Change und um weiterhin im Plus zu bleiben die Grundsätze von Co-Creation anwenden. Co-Creation unterstützt Unternehmen auf dem Weg in die neue Welt: Selbstverantwortung der Mitarbeitenden statt Mitläufertum und Zusammenarbeit auf Augenhöhe statt Weisungen und Kontrollapparat. Partizipation schafft Commitment. Menschen entwickeln sich, wenn sie positive Veränderungen spüren und erleben dürfen. Du darfst kreativ werden. Lass dein Team partizipieren und gemeinsam Ideen entwickeln. Arbeite mit kreativen Methoden, die die Menschen ins Gefühl bringen. Mitarbeitende denken und handeln mit, wenn sie es dürfen und dafür sensibilisiert und honoriert werden. Manche müssen es auch erst lernen, mehr unternehmerisch zu denken. Doch in jedem von uns schlummert ein kleiner Unternehmer. Diesen gilt es zu heben und zu schätzen.*

### Wenn des Guten zu viel ist

*Monika ist Ende 30 und Teamleiterin. Sie will aufsteigen und Karriere machen. Sie ist im Plus und will weiter und höher hinaus ins weitere Plus. Dafür tut sie viel. Sie arbeitet locker 60 Stunden die Woche und liefert alles mehr als perfekt. Auch ihrem Team verlangt sie viel ab. Zeit für Ruhe gibt es nicht. In ihrer Freizeit optimiert sie sich weiter. Sie macht Crossfit und bringt sich auch körperlich an ihre Grenzen. Sie merkt nicht, wie sie über die Bedürfnisse ihres inneren Kindes hinweggeht.*

Einen Karrierewunsch zu haben ist gut. Ebenso gut ist es, wenn wir uns persönlich weiterentwickeln wollen und uns vorantreiben, um unsere Ziele zu erreichen. Seinen Job richtig gut machen zu wollen, ist auch eine eherne Absicht. Wenn du dich aber von einem Change zum nächsten, noch besseren, treibst, kann auch etwas faul sein. Es geht dann nur noch um Selbstoptimierung. Jede Medaille hat zwei Seiten. Wenn das Ganze zu zwanghaft wird und zu perfektionistisch betrieben, kann dein inneres Kind aufheulen. Wenn alles extrem abläuft, die Arbeit, dann vielleicht noch der Sport fast schon zwanghaft betrieben wird und deine ganze Ausrichtung nur noch auf KVP, den kontinuierlichen Verbesserungsprozess, abzielt, dann wird es höchste Zeit, innezuhalten und in dich hineinzuspüren: Welchen Schmerz willst du nicht spüren? Erinnere dich an die Bewältigungsstrategien wie zum Beispiel Flucht in die Arbeit. Auch dabei spürt man Schmerzen nicht. Spürst du dich selbst noch? Was treibt dich an? Wem willst du es recht machen? Vor was fliehst du? Was ist dein höheres Ziel? Was braucht dein inneres Kind? Wie kannst du eine gute Balance wieder herstellen?

Bei Monika gab es folgenden Beweggrund: In ihrer Kindheit wurde sie nie wirklich gesehen als Mensch, als reines Kind, als wunderbares Wesen. Sie wurde nie in ihrem wahren Sein wahrgenommen und anerkannt. Ihre Eltern waren sehr leistungsorientiert und nur das Beste war gut genug. Sie verhielten sich getreu dem Motto „Nicht geschimpft ist gelobt genug". Auch ihre Eltern hatten innere Kinder, die leider nicht gehört wurden. Das müssen wir uns immer klarmachen. Durch das Verhalten entstand ein stark fordernder Elternmodus bei Monika. Diese fordernden inneren Elternstimmen treiben Monika rastlos durchs Leben. Das übermäßige Karrierestreben ist ein Schutzmechanismus und eine Überkompensation von Monika, damit sie nicht in das Mangelgefühl ihres verletzten Kindes kommt. Jede Veränderung, damit auch eine positive, um Karriere zu machen, sollte vom fitten Erwachsenen initiiert werden und keine Kompensationsstrategie für einen schwachen Selbstwert sein. Die Lösung bei Monika sah so aus. Sie stellte sich diese Fragen: „Welche Motive habe ich? Gehören diese zu meinem fitten Erwachsenen oder versuche ich meinen inneren fordernden Elternstimmen Rechnung zu tragen? Will ich das wirklich, weil mein fitter Erwachsener das will und ich meinen Beruf liebe, oder unterwerfe ich mich inneren Stimmen und denke, das ist mein Wille?"

Wichtig ist, dass wir alle Dinge, die wir tun, im Hinblick auf diese Fragen beleuchten.

### Der Schlüssel: dein inneres Kind und dein fitter Erwachsener auf gutem Kurs

Kennst du die Geschichte von der kleinen Raupe Nimmersatt[36]? Ich liebe sie. Sie macht Kindern Mut und zeigt auf einfache Art und Weise, dass alles in uns ist und wir wachsen dürfen und uns dann entfalten. Es braucht seine Zeit. Die Raupe tut das, was zu tun ist. Fressen, Nahrung suchen. Das tut sie sogar ganz und gar unter vollem Einsatz. Sie scheut keine Mühe, noch mehr zum Fressen zu suchen. Sie frisst sich durch alles Mögliche durch, darunter Cupcakes und andere nicht unbedingt raupentaugliche Nahrungsmittel. Sie geht neugierig ihren Impulsen nach. Und auch wenn sie sich dann den Bauch verdorben hat, weil sie es ein wenig übertrieben hat, geht es doch am Ende gut aus. Sie wird ein wunderschöner Schmetterling und darf sich entfalten.

Im Berufsleben sieht das ein wenig anders aus. Was ist hier für dich zu tun? Gleichsam geht es wie bei der kleinen Raupe um Transformation zum Guten, zum Plus zu mehr Freiheit und Entfaltung. Und darum, im Plus zu bleiben. Oder schnell wieder ins Plus zu kommen. Und auch hier ist alles in uns.

Hast du die Verantwortung für dich und dein Tun übernommen? Was ist noch alles möglich? Was möchtest du verändern? Wie kannst du dein größtes Potenzial weiter entfalten? Folgst du deinen Impulsen? Bist du neugierig und achtsam, was das Leben dir so alles bietet? Vertraust du auf deine Stärken?

Wenn unser inneres Kind rebelliert und im Clinch mit den kritisierenden inneren Stimmen liegt, geht es nur um Bedürfnisse, und wirkliche Chancen können oft gar nicht so richtig wahrgenommen werden. Wenn diese Schmerzen geheilt sind und dein fitter Erwachsener das Ruder übernehmen kann, ist ein großer Schritt getan. Wenn die beiden wissen, wie sie sich gegenseitig unterstützen können, kannst du weiterwachsen und den höchsten Reifegrad des Plus-Plus erreichen.

Wenn wir nur an der eigenen Selbstoptimierung festhalten, kann Wandel sehr anstrengend sein. Mal angenommen, du bist wach und im Vertrauen darauf, dass dir die richtigen Dinge begegnen werden? Was, wenn du einfach mal mehr Entspannung und innere Ruhe anstrebst?

Wenn du mit den vielen Tipps und Methoden in meinem Buch eine kraftvolle Haltung einnehmen kannst und an deiner Persönlichkeitsentwicklung gearbeitet hast, darf es leichter werden. Achte darauf, was mit dir in Resonanz geht. Was ziehst du in dein Leben? Beim Plus-Plus sind wir in einer achtsamen, reifen Haltung den Dingen gegenüber. Es geht nicht um dauernde Selbstoptimierung, sondern um Vertrauen, Inspiration und Neugierde im Leben.

Der deutsch-US-amerikanische Psychiater und Psychotherapeut Fritz Perls beschreibt hierzu eine Art Paradoxon.[37] Nach ihm geschieht Veränderung, wenn jemand wird, was er ist, und nicht, wenn er versucht, etwas zu werden, was er nicht ist. Was meint er damit genau? Veränderung ist nichts Erzwungenes, sondern passiert, wenn wir uns Zeit nehmen und die Mühe auf uns nehmen, das zu sein, was wir sind, uns also voll und ganz auf unser gegenwärtiges Sein einlassen. Die Paradoxie besteht darin, dass wir uns ständig zwischen zwei Fronten bewegen: Die eine Front wird bestimmt durch das, was wir sein sollen, und die andere durch das, was wir zu sein glauben. Hierbei geht es darum, das „Sein" mehr zuzulassen und mehr im „Sein" zu sein. Um dieses „Sein" mehr anzunehmen, brauchen wir eine Stabilisierung und das Vertrauen zu uns selbst.

Wir können die um uns herum stets kursierenden Veränderungen mittragen und mit der Zeit gehen, wenn wir es schaffen, uns selbst innerlich zu stabilisieren. Das ist unsere Aufgabe. Dabei helfen dir die Methoden in diesem Buch und insbesondere dein inneres Kind und der fitte Erwachsene in dir.

> *Kürzlich kam die Speakeranfrage einer Waldorfschule hereingeflattert. Das ging in Resonanz mit mir: Gutes tun können und Kinder und Schüler dazu inspirieren, sich passende Ziele zu setzen und Veränderungen in Stärke anzugehen. Es war bislang noch kein Ziel von mir gewesen, Kinder als neue Zielgruppe zu bedienen. Somit stellte das einen gewissen Change dar, denn Schüler wollen anders angesprochen werden als Erwachsene. Wenn ein solcher Impuls von außen kommt, stelle ich mir die Frage: Möchte ich das tun? Dann treffe ich eine Entscheidung und setze mir daraus ein Ziel mit einer Umsetzungsstrategie. Dieses Ziel hat mich berührt und sehr zufrieden gemacht.*

Wie kannst du wichtige Impulse für dich von außen gut aufnehmen und wahrnehmen? Der Weg geht vom Minus ins Plus über die Stabilisierung mit Schemacoaching. Plus-Plus als höchster Reifegrad gelingt am besten, wenn dein inneres Kind und dein fitter Erwachsener in gutem Einvernehmen sind. Zudem ist eine entspannte und offene Haltung hilfreich, gepaart mit Flexibilität und Neugierde. Dann bis du in deinem Sein.

Um in deinem Reifegrad zu wachsen und den Code vom Plus ins weitere Plus zu knacken, sollten dein inneres Kind und dein fitter Erwachsener gut zusammenspielen. Blick immer wieder nach innen und frage dich: Was will dein inneres Kind? Wo gibt es wichtige Bedürfnisse? Wie kann dein fitter Erwachsener gut darauf reagieren? Bau eine wirklich tragbare vertrauensvolle Beziehung der beiden auf. Dein inneres Kind braucht Vertrauen. Dein fitter Erwachsener ist immer für die Bedürfnisse deines inneren Kindes da. Schaff dir kleine Inseln unter der Woche, wo du genau auf deine Bedürfnisse und deren Hintergründe hörst.

Wandel gelingt gut, wenn die beiden um ihre Wichtigkeit und ihren Wert wissen und gut harmonieren und sich gegenseitig unterstützen können. Wenn du traurig bist, dann ist das ein Ruf deines inneren Kindes. Das darf traurig sein. Gib ihm Raum. Dein fitter Erwachsener kann es trösten. Egal, um welche Bedürfnisse es sich handelt: Nimm sie an und verdräng sie nicht. Wenn das Zusammenspiel gut funktioniert, kannst du am besten gestalten. Dann bist du in deiner Kraft und Stärke und kannst dein Leben in die Hand nehmen.

Bei Rückschlägen findest du in diesem Buch immer wieder Methoden, die dich stabilisieren. Wenn wir innerlich stabil sind, kann uns der Change auch nicht mehr so viel anhaben. Wir sehen schneller Chancen und werden immer mehr zum Gestalter unseres Lebens. Der fitte Erwachsene ist der beste Gestalter in uns.

# Das Ende ist nicht das Ende

Stell dir vor, du hast dein Paradies auf Erden gefunden, alles ist so, wie es sein soll. Alles ist positiv, im Plus, nur noch positiv. Eitel Freude und Sonnenschein. Das ist auf Dauer auch nicht auszuhalten. Wenn alles positiv ist, dann hat das Gehirn keine besonderen Freude-Momente mehr. Was meine ich damit?

> *Mein Mann und ich haben unser Paradies am Tegernsee gefunden. Im Lockdown hatten wir dort viele schöne Tage zu zweit. Wie viele andere Menschen auch haben wir versucht, dem Ganzen etwas Positives abzugewinnen. Die Tage ähnelten sich, der Blick auf den See ist herrlich. Und dennoch war es immer irgendwie das Gleiche, tagein, tagaus. Okay, wir mussten keine nervigen Bekannten treffen. Nicht im Stau stehen. Doch trotzdem merkten wir irgendwann, dass da etwas fehlte. Konzerte, Freunde, Reisen. Und es fehlten die Lebensveränderungen, die Herausforderungen, die neuen Dinge, die man im Alltag erlebt und die das Leben aufregend machen.*

Oder stell dir vor, du bist Jeff Bezos oder sonst einer der reichsten Menschen auf diesem Planeten und läufst durch Tegernsee und weißt, du kannst dir jedes Haus dort kaufen, ja sogar den ganzen Ort, den ganzen Berg, wenn du wolltest. Macht es dann noch Spaß, auf etwas hinzuarbeiten, wenn es gar keine damit verbundenen Einschränkungen und Veränderungen gibt, die man in Kauf nehmen müsste?

Ich liebe den Tegernsee, und wenn ich ein paar Tage weg bin, dann freue ich mich riesig wieder auf den Blick und die Natur. Schon diese kleine Veränderung schafft wieder neue Freude. Glück empfinden wir, wenn das Gehirn Botenstoffe in Form von Dopamin ausschüttet. Doch das kann nicht dauerhaft passieren. Es geschieht, wenn wir etwas Besonderes tun und erleben. Das heißt, wenn wir den Wandel willkommen heißen. Ständige Veränderung gehört zum menschlichen Leben dazu, das ist unser Dasein. Schon Goethe sagte es treffend: „Das Leben gehört den Lebendigen, und wer lebt muss auf Wechsel gefasst sein.“

Damit bin ich am Ende meines Plädoyers angelangt. Danke, dass du da bist und dich dem Thema Change stellst und mein Buch gelesen hast. Konnte ich dich inspirieren und überzeugen? Meine Frage an dich, liebe Leserin, lieber Leser und verehrte Jury: Was ist Change jetzt für dich? Wie urteilst du am Ende dieses Buches?

## Special: Dein READY FOR CHANGE Test

Du hast noch nicht genug? Als Special habe ich für dich einen Selbsttest zur persönlichen Einschätzung und Reflexion entwickelt. Mit meinem „Ready for Change“-Test kannst du herausfinden, wie gut du mit Veränderungen und Herausforderungen umgehen kannst und wo es Verbesserungspotenzial gibt. Dieser Test hat keinen wissenschaftlichen Anspruch, wurde jedoch von einem Psychologen gecheckt und optimiert.

Es geht mir darum, dass du eine bessere Einschätzung über dich selbst erhältst. Der „Ready for Change“-Test besteht aus zwei Teilen. Du kannst im ersten Teil herausfinden, wie gut deine Big54Change, deine Veränderungskompetenzen ausgeprägt sind. Und in Teil zwei kannst du erkennen und reflektieren, welche Verhaltensstrategien du vorherrschend bei Veränderungen benutzt.

Teil 1: Wie sind gut deine Veränderungskompetenzen ausgeprägt?
Teil 2: Welche Verhaltensstrategien nutzt du bei Veränderungen und Herausforderungen?

Hast du alles, um Herausforderungen gut zu bewältigen? Bist du gut aufgestellt und ready for Change? In der Auswertung bekommst du wertvolle Einsichten und Tipps für dein künftiges Verhalten, damit du deine positive Zukunft kreieren kannst.

Ganz einfach den QR-Code einscannen, und los geht's.

https://susannenickel.com/check-yourself/

Scan me

# Dankbar

Mein Dank gilt meinem geliebten Ehemann, der geduldig zugehört hat und mich so sehr bei diesem Buch unterstützt hat, und zwar fachlich wie menschlich.

Mein Dank gilt meiner Peergroup, Claudia Kimich, Klaus Siedenhans und insbesondere Nicolai Christ, der die Grundidee mit den Plus- und Minuszeichen mit „geboren“ hat.

Mein Dank gilt Gunhard Keil, geschätzter Freund, Geschäftspartner und Modell-Junkie, der ebenso geduldiger Sparringspartner beim Change-Code und Modell dazu war.

Mein Dank gilt meinen GSA-Kollegen und Speakers Excellence und insbesondere Jana Kulhavy für die klasse Zusammenarbeit und Unterstützung beim Buch.

Mein Dank gilt Carola Ferstl und Joey Kelly für das Lesen des Buches und das geschätzte Feedback.

Mein Dank gilt Maren Broda als Weggefährtin in einer schwierigen Zeit.

Mein Dank gilt meinen Freunden, Coaches und dem WOL-Team, insbesondere Katja Friedrich, Lilly Kaiser, Beate Quast, Yvonne Feichtl, Tiziana Bruno, Andrea Randt, Michael Rossié, Mathias Wald und Bettina Niedermeier, die immer wieder offen waren für kurze Sparringssessions zum Buch.

Mein Dank gilt Clarissa Käfer, Firma Käfer, Bernd Doepke, Niederlassungsleiter BMW München, und Martin Kast, CEO Hawle, für die Interviews und wertvollen Geschichten.

Mein Dank gilt auch meinen Coaching-Klienten und ihren Geschichten, an und mit ihnen darf ich weiterwachsen.

Mein Dank gilt dem GABAL Verlag, meinen Ansprechpartnern dort und Anja Hilgarth, meiner Lektorin, als Geburtshelfern dieses Buches.

Mein Dank gilt Jens Corssen für den kollegialen Austausch beim Entstehen des Buches sowie für das wertvolle Feedback.

Und mein Dank gilt dir, liebe Leserin und lieber Leser, dass du mein Buch liest.

# Quellen und Endnoten

## Quellen


Berndt, Christian; Nickel, Susanne: Lust auf Change. Haufe 2021

Carle, Eric: Die kleine Raupe Nimmersatt. Gerstenberg 2009

Clear, James: Die 1-%-Methode – Minimale Veränderung, maximale Wirkung. Goldmann 2020

Corssen, Jens: Der Selbst-Entwickler: Das Corssen Seminar. Marix Verlag 2004

Croos-Müller, Claudia: Nur Mut! Das kleine Überlebensbuch. Kösel 2012

Dalai Lama; Tutu, Desmond: Das Buch der Freude. Lotos 2016

Depiereux, Philipp: Werdet Weltmutführer. Mit Mut und neuem Mindset in die digitale Zukunft. epubli 2020

Disselkamp, Marcus; Nickel, Susanne: Die Krise kann uns mal! Wie Unternehmen wirtschaftlich und menschlich wachsen. GABAL 2020

Doppler, Klaus: Change: Wie Wandel gelingt. Campus 2017

Duhigg, Charles: Die Macht der Gewohnheit: Warum wir tun, was wir tun. Piper 2013

Dweck, Carol: Selbstbild: Wie unser Denken Erfolge oder Niederlagen bewirkt. Piper 2017

Eckert, Marcus; Tarnowski, Thorsten: Stress- und Emotionsregulation. Beltz 2017

Fagan, Joen; Shepherd, Irma Lee: Gestalt Therapy Now: Theory, Techniques, Application. Palo Alto 1970

Gallwey, W. Timothy: Tennis – Das innere Spiel: Durch entspannte Konzentration zur Bestleistung. Goldmann 2012

Handrock, Anke: Schemaberatung. Schemacoaching. Schemakurzzeittherapie. Beltz 2016

Hüther, Gerald: Wege aus der Angst. Vandenhoeck & Ruprecht 2020

Kotter, John: Das Pinguin-Prinzip. Wie Veränderung zum Erfolg führt. Droemer 2017

Kübler-Ross, Elisabeth: Über den Tod und das Leben danach. Silberschnur 2019

Maurer, Rick: Beyond the Wall of Resistance. Bard Press 2010

Nickel, Susanne: Ziele erreichen: Von der Vision zur Wirklichkeit. Haufe 2018

Palmer, Wendy: Leadership Embodiment: How the Way We Sit and Stand Can Change the Way We Think and Speak. CreateSpace Independent Publishing Platform 2013

Hastings, Reed; Meyer, Erin: Keine Regeln: Warum Netflix so erfolgreich ist. Econ 2020

Sinek, Simon: Start With Why. How Great Leaders Inspire Everyone to Take Action. Portfolio 2011

Stahl, Stefanie: Das Kind in dir muss Heimat finden. Kailash 2015

Young, Jeffrey E.: Cognitive therapy or personality disorders. A Schema-focused approach. Sarasota: Professional Resource Press 1999

## Endnoten

1 Mehrfach in der Literatur zitiert, so u.a. von Bain and Company, McKinsey and Company, John Kotter.

2 https://www.careelite.de/dauer-gewohnheiten-ablegen-aendern-etablieren/ Seine auf Beobachtungen im eigenen Umfeld basierende Theorie schrieb er dann im Jahr 1969 auch in seinem Buch „Psycho-Cybernetics" nieder.

3 Phillippa Lally und ihre Kollegen vom University College in London führten eine Studie mit 96 Studenten (Ø-Alter 27 Jahre) durch, die sich für 84 Tage eine neue gesunde Alltagsroutine aneignen sollten. Diese Routinen reichten vom Spazierengehen bis zu morgendlichen Sit-ups. Lally stellte fest, dass die Studenten durchschnittlich 66 Tage benötigten, bis aus der neuen Verhaltensweise ein Automatismus entstanden war.
Hinweis: Die „66-Tage"-Studie von Phillippa Lally ergab zudem, dass das Etablieren besonders komplexer Gewohnheiten in etwa das 1,5-Fache an Zeit im Vergleich zu einfachen Veränderungen benötigt.

4 Ein Culture Deck ist die textliche und grafische Darstellung von Unternehmenswerten in Form einer Präsentation, im Falle von Netflix von über 100 Slides. Mehr über das „Culture Deck" in dem Buch „Keine Regeln – Warum Netflix so erfolgreich ist" von Reed Hastings und Erin Meyer.

5 Dweck: Selbstbild. Mehr Infos dazu im Buch.

6 Mehr zum Thema Mindset findest du in „managerSeminare" 11.2021, S. 72 ff.

7 in: Eckert, Tarnowski, S. 27 ff.

8 in: Eckert, Tarnowski, S. 29

9 https://fuehrenistlangstrecke.files.wordpress.com/2021/07/blog-069-engagement-index-deutschland-2020.pdf, S. 5 und 7

10 Hüther, Wege aus der Angst, S. 34 f.

11 Young, Cognitive therapy or personality disorders; 1990 führt er den Begriff des „Schemacoaching" (schema-focused cognitive therapy) ein.

12 Handrock, Schemaberatung, S. 80 ff.

13 Handrock, Schemaberatung, S. 19 ff.

14 Handrock, Schemaberatung, S. 88

15 Handrock, Schemaberatung, S. 87

16 https://www.schematherapie-muenchen.de

17 Weiterführende Literatur: siehe Bibliografie Wendy Palmer: Leadership Embodiment

18 Clip zu Leadership Embodiment: https://youtu.be/GNbFPAWhvTM. Wendy Palmer: https://youtu.be/O-yPDozALwg

19 Kübler-Ross, Über den Tod und das Leben danach

20 Maurer, Beyond the Wall of Resistance, S. 37

21 Disselkamp, Nickel, Die Krise kann uns mal!

22 Corssen, Der Selbst-Entwickler, in FOCUS ONLINE: https://www.focus.de/finanzen/karriere/management/fuehrungskompetenz/corssen/wo-ich-bin-will-ich-sein-selbstmotivation_id_2543340.html

23 Berndt, Nickel, Lust auf Change

24 Dalai Lama, Tutu, Das Buch der Freude

25 Simon Sinek im TED Talk „Golden Circle Speech", https://www.youtube.com/watch?v=Jeg3lIK8lro

26 Simon Sinek im TED Talk „Golden Circle Speech", https://www.youtube.com/watch?v=Jeg3lIK8lro

27 managerSeminare April 2019, S. 13

28 manager magazin 07/2010

29 Duhigg, Die Macht der Gewohnheit, S. 14

30 Duhigg, Die Macht der Gewohnheit, Seite

31 Die Geschichte des Unternehmens Alcoa stammt von Charles Duhigg und findet sich in seinen Untersuchungen zur Macht der Gewohnheit.

32 Gallwey, Tennis – Das innere Spiel

33 Kotter, Das Pinguin-Prinzip

34 Michael Sagmeister im Einführungsvideo zu seiner Akademie: https://jazz-guitaracademy.com/de/

35 James Clear, Die 1-%-Methode

36 Carle, Die kleine Raupe Nimmersatt

37 Fagan, Shepherd, Gestalt Therapy Now, S. 77-80

# Die Autorin

**Susanne Nickel** ist DIE Expertin für Change 4.0 und Innovative Leadership und wird von ihren Kunden die „Zukunftsmacherin" genannt. Sie gehört zu den Top-100-Speakern im deutschsprachigen Raum und brennt mit Leib und Seele für erfolgreiche und gelungene Veränderungen. Susanne Nickel lebt, was sie lehrt. Sie ist Rechtsanwältin, Wirtschaftsmediatorin, Management-Beraterin und Executive Coach. Seit vielen Jahren überzeugt sie als Beraterin, Trainerin und Coach rund um ihre Leidenschaftsthemen Change und Führung und hat mittlerweile Tausende Teilnehmer begeistert und bewegt.

Die Umsetzungsspezialistin war bei gefragten Beratungshäusern wie Kienbaum und Haufe als Managerin tätig. Ihre Karriere startete sie als Pressesprecherin und bekannte TV-Expertin. Dabei war sie geschätzt dafür, komplexe Sachverhalte einfach zu erklären. Als Rednerin gewann sie schon mehrfach Preise für ihre mitreißenden Keynotes. Susanne Nickel ist in fast allen DAX-30-Unternehmen ein und aus gegangen. Vom Change im Mindset bis zur erfolgreichen Implementierung begleitet sie Unternehmen auf dem Weg zu mehr Agilität im Dschungel der digitalen Transformation.

Die mehrfache Buchautorin hat in jungen Jahren Tanz an der renommierten Folkwang-Hochschule bei Pina Bausch studiert und verbindet das, was Unternehmen und auch Menschen beim Aufbruch brauchen: die richtige Haltung und Mischung aus Struktur und Kreativität, Ratio und Emotio.

*www.susannenickel.com*

**DIE 7 WEGE ZUR EFFEKTIVITÄT**, **DER 8. WEG** und **DIE 3. ALTERNATIVE** gehören zu den motivierendsten und einflussreichsten Büchern, die je geschrieben wurden. Ob Staatsoberhäupter, Konzernchefs, Unternehmer, Führungskräfte oder Eltern und Pädagogen: Die Klassiker von Stephen R. Covey haben Millionen von Menschen aller Altersgruppen und Berufe zu einem effektiven, erfolgreichen und sinnerfüllten Leben verholfen.

## DIE 7 WEGE ZUR EFFEKTIVITÄT

- **New York Times-Bestseller – über 40 Millionen verkaufte Exemplare**
- **Das einflussreichste Managementbuch der letzten 100 Jahre**

Der Weltbestseller begeistert mit seinem hocheffektiven, ganzheitlichen Ansatz zu beruflichem Erfolg und persönlicher Weiterentwicklung. Die zentrale Botschaft: Der Schlüssel zu einem glücklichen, erfüllten Leben sind 7 grundlegende Gewohnheiten. Ob Ziele, Selbstmanagement, Motivation oder Führung und Kommunikation: Diese 7 Gewohnheiten werden von Menschen auf der ganzen Welt nicht nur im Beruf, sondern auch im Privatleben umgesetzt. Warum? Sie wirken so zuverlässig wie Naturgesetze, funktionieren in allen Lebenslagen und geben uns Halt in unbeständigen Zeiten.

## DER 8. WEG – MIT EFFEKTIVITÄT ZU WAHRER GRÖSSE

- **Der Aufbruch in eine völlig neue Dimension von Management und Führung**
- **Ein leidenschaftliches Plädoyer für modernes, vertrauensvolles Leadership**

Der 8. Weg ist weit mehr als eine Fortsetzung der 7 Wege zur Effektivität. Hier stößt Stephen R. Covey in eine völlig neue Dimension von Management und Führung vor. Das Buch ist ein leidenschaftliches Plädoyer dafür, den »ganzen« Menschen mit seinen individuellen Fähigkeiten, Talenten, Wünschen und Zielen zu sehen. Stephen R. Covey zeigt, wie Unternehmer, Manager und Führungskräfte ihr volles Potenzial entfalten und nicht nur sich selbst, sondern auch andere zu nachhaltigem Erfolg führen.